El Primer Disco Clasico del Hip Hop Brasileño

Jeff Ferreira

Tapas & Diagramación: Jeff Ferreira
Tradución: Martín Gonzales y Jeff Ferreira
Revisión: Marta Lugo
Prólogo: Jazzy Mel

Impreso por Amazon – 2020.

FERREIRA, Jeff.
El Primer Disco Clásico del Hip Hop Brasileño – 1ª ed –
Jaguariúna/SP. Ed. AMAZON, 2020.
137 p.: il.

ISBN: 978-65-00-14901-2

1. Histórico. 2. Bibliográfico. 3. Documental. 4. Hip Hop.

LIBRO BRASILEÑO. I Título

FORMATO: A5 15,24x22,86

2020. Escrito y producido en Brasil.

Agradezco a Dios, mi esposa Jusciane, mis padres (*in memoriam*), Thaide & DJ Hum, grupo O Credo, banda Código 13, MC Jack, DJ Ninja y AG Naja (también conocido como Rooneyoyo, O Guardião), a todos los productores: Akira S, Dudu Marote, Nasí y André Jung.

Un agradecimiento especial a Anderson Ferreira, Kaseone, Taty Godoi, Roger (Jabaquara Breakers) Eder Grassi y Kika Maida por las charlas que ayudaron a construir este libro.

A todos los que están en la carrera por la cultura Hip Hop, dedicado a todos los pioneros que abrieron el camino del rap nacional, y a todos los que están llegando hoy, ¡lleguen con respeto y busquen conocimiento!

Dedico este libro a mis hermanos, "tiozinhos do Hip Hop", Paulo Brazil y Gagui IDV, ¡gracias por todo! Gracias a Jazzy Mel Rock por el aporte de la historia y por firmar el prólogo. A DJ Ralph 74, por presentarme a Jazzy Mel, y a Martín A. Biaggini, por presentarme a Ralph. Un agradecimiento más que especial a Roberto Ruiz Sena (Malungo Libros), las conversaciones con este hermano inspiró a traducir esta obra. ¡Viva el Hip Hop de Argentina y toda Latinoamérica!

En memoria de Cassius Franco, el DJ Uzi (O Credo), JR Blaw, el pionero, el b.boy y activista Banks, el rapero Eneas Enézimo. ¡Descansa en paz!

Índice

PRÓLOGO

"Durante mi adolescencia me fascinó el funk, la música negra siempre me sedujo, conocí este maravilloso estilo alrededor de 1979, todavía en Uruguay. En 1983, Argentina puso fin a su Dictadura Militar, con una mayor apertura, mi familia y yo nos fuimos al país vecino, y no solo llegamos nosotros, sino también algo que se conoció como Hip Hop. Primero fue el breaking, comencé como b.boy y me uní a algunas crews, me gustó Kurtis Blow, Furious Five y otros nombres de la época. En el 84 llegaron las películas *Beat Street* y *Breakin'*, que actuaron como catalizador del movimiento en Argentina, llegamos a entender que el funk que nos gustaba, más precisamente el canto hablado, junto con los DJ's, el graffiti y el baile eran parte de algo más grande, una cultura urbana, el Hip Hop. Eso cambio mi vida.

Como amante de la cultura, comencé a componer y escribir mis propios raps, todos en español, como versiones de *"Rapper's Delight"* de Sugar Hill Gang. Trabajaba duro para pagar las horas de estudio y cumplir mi sueño de grabar una cinta de demostración. Los amigos b.boy me apoyaron, siempre estábamos en la zona oeste de Buenos Aires para ensayar, y los sábados y domingos la reunión era en el centro de la ciudad, a dos cuadras de la estación de tren de Morón, donde bailábamos. Fueron años increíbles e inolvidables, todos mágicos y apasionados, hasta que en 1987 sentimos que el movimiento se dispersaba, DJ's a un lado, b.boys al otro, MC's llegando, grafiteros yendo, y el movimiento debilitándose. Escuché que en Brasil, más precisamente en São Paulo, había un gran evento en las calles y en el centro, el Hip Hop estaba intenso. Entonces, decidí irme a Brasil.

Mi sueño era vivir en un lugar donde se respirara Hip Hop, donde la cultura estuviera más viva que nunca. En medio del contexto de la época, una América Latina de los 80 con hambre, desempleo, gente viviendo en la calle y perdiendo sus derechos, haciendo dedo en un camión que salí para Brasil, el vehículo me llevó hasta Uruguaiana, la primera ciudad después de la frontera, allí tomé otro viaje, en otro camión, y llegué a la provincia de São Paulo, un autobús me dejó en la capital paulista. En abril de 1988, a los 22 años, llegó a la estación de autobuses de Tietê lleno de sueños y con la ilusión de vivir el Hip Hop en la ciudad. Me alojé en un hotel cercano a la estación de autobuses, conseguí trabajo en una cafetería del mismo perímetro, pronto supe que en el centro había una galería de tiendas, en la calle 24 de Maio, donde la música negra era muy popular, había tiendas de discos y muchos DJ's fueron allí, necesitaba conocer ese lugar. Cuando los conocí, también me presentaron la estación São Bento de Tren, a pocos metros de las galerías de la Rua 24 de Maio. En la estación, b.boys, MC's, grafiteros y DJ's se reunieron, intercambiaron información y hacian batallas en el breaking. Respiraban Hip Hop, todo era maravilloso y me fascinaba, sentí que estaba en el lugar correcto.

En la Estação São Bento conocí a gente como MC Jack, Thaide, DJ Hum, DJ Ninja, MC Fish y los grafiteros Os Gêmeos. En una época en la que me quedé sin dinero, Os Gêmeos, que vivían con su abuela, se quedó conmigo en su residencia, de hecho, mi estadía fue itinerante, y entonces es una temporada en la casa de uno y tras otro, como sucedió con Guzula, del grupo Região Abissal, que me acogió, al igual que otros miembros de la Região también lo hicieron. En casa de Guzula tuve contacto con su religión, el Candomblé y los tambores africanos, fue una experiencia increíble. El peluquero Wagner, del barrio Lapa, Wagner, junto con el DJ Paulo Boy me consiguieron una habitación con una renta razonable, allá en Carapicuíba, recuerdo que estaba muy lejos del centro, casi 1 hora en tren, también recuerdo que antes de vivir en esta habitación alquilada, pasé alrededor de una semana viviendo favorablemente con DJ Paulo Boy y su madre María, gente a la que estoy muy agradecido. En esta pequeña habitación, hice mi música y compuse mis raps. Una tarde estaba en las tiendas de 24 de Maio, saliendo con unos discos y se le acercó una figura que decía que me estaba buscando, era Donizete Sampaio, del equipo de baile Dinamite y responsable del sello TNT Records, me preguntó si tenía canciones para grabar un disco, dije que sí. Donizete preguntó si hablaba portugués, le expliqué que no, porque era un recién llegado y estaba aprendiendo, pero él fue enfático, las canciones que grabaría tenían que ser en idioma brasileño o en inglés, no había mercado para las canciones en español en el país. Le pregunté cuándo serían las grabaciones y para mi sorpresa, respondió: "Mañana por la mañana". Esa misma noche fui a casa a traducir las canciones al inglés, fue muy difícil, porque tenía que tener sentido y además, ¡tenía que rimar!

Al día siguiente grabé las dos primeras canciones junto con DJ Cuca, el productor. Sin embargo, las producciones de Cuca fueron muy rápidas, no le gustaba el estilo, así que lo ayudé en la producción y juntos hicimos estas canciones. En Brasil, grabé dos álbumes: Jezzy Mel Rock (1989) y I'm Back Again (1990). En ese momento, las fiestas de rap se llamaban Jams Hip Hop, y se realizaban los domingos por la noche, los sábados había fiestas de playboy, yo prefería mil veces el Hip Hop a las fiestas blancas. Estos eventos fueron mágicos, a dos cuadras del lugar, ya escuchábamos el beat batir, eso me motivó y me dio ganas de bailar y cantar y cada vez más sumergirme en esta maravillosa cultura.

Sin embargo, en 1989 el sueño se convertiría en una pesadilla, todo eso cambiaría con la llegada de Fernando Collor a la presidencia de Brasil, sus actitudes como jefe del ejecutivo arrojaron al país a una gran recesión y depresión, no hubo fiestas ni conciertos, todo fue detenido. Pasé meses sin presentarme y en consecuencia sin ganar dinero y sin pagar el alquiler, fue muy complicado. En ese momento pensé que lo mejor era volver a Argentina. Allí estaba yo en la misma estación de autobuses de Tietê, que me había acogido años atrás, estaba muy triste, Collor había impedido mi sueño de vivir el Hip Hop en São Paulo. Cuando llegué a Buenos Aires, en abril de 1990, mi mamá había vendido la casa, nos quedamos sin techo y nuevamente viví a favor con unos amigos hasta que logré rentar una habitación, en ese momento trabajaba como office boy. A pesar de la mala situación económica, no me rendí con la cultura y seguí haciendo mis canciones, la esperanza generó una oportunidad y en Argentina pude sacar un disco con el sello independiente ABR, el disco lleva el título de mi nuevo nombre artístico, ahora Jazzy Mel, una forma de abreviar el nombre y el intercambio de la letra "e" por "a" fue evitar problemas con los derechos autorales en Brasil. Luego grabé el disco ¿Qué Pasa? lo cual llamó la atención del público y productores europeos, por invitación de un sello de Bélgica, lancé dos discos más, distribuidos por todo el mundo, ganando fuerte consumo en México y en la comunidad latino-americana de los EE.UU.

Entrando en los 90, el Hip Hop cambió mucho, todo cambió drásticamente, por ejemplo, cuando salimos de los 70 y entramos en los 80, se tardó al menos un par de años en entender que era una nueva década, y la transición de los 80 a los 90 fue de repente, toda la moda y los sonidos de los 80 fueron reemplazados por otras cosas. El rap empezó a tener el gangsta como estilo principal, y pensamos que eso no era bailante, no creo que un estilo sea mejor o peor que otro, pero vi la magia del Hip Hop irse, los elementos se separaron, los grupos de rap dejaron de contar con DJ's, los b.boys ya no se reunían para bailar, eso me entristeció y me hizo dejar de lanzar canciones como MC. Cuando regresé de Europa monté mi estudio y comencé a dedicarme a la producción de otros artistas, entre ellos el Sindicato Argentino de Hip Hop, que pude firmar la producción de los primeros discos.

Cuando llegué a São Paulo, estaba en un sueño, como un niño en Disneyland. Conocía Hip Hop de Chile, Paraguay, Argentina y Uruguay, pero la escena brasileña tuvo un destaque especial, los DJ's. En Brasil, el nivel de scratch estaba muy por encima, se podía comparar fácilmente con los grandes de EE. UU. En ese momento en 1988, el DJ fue el elemento que más avanzó, seguido del breaking, que fue perdiendo fuerza y años antes era el elemento principal en Brasil. Hasta que llega el LP Hip Hop Cultura de Rua, un disco que puso al rap como elemento principal. Este disco fue muy importante para la cultura negra en Brasil y yo fui testigo de eso, también fue muy importante para los artistas que participaron en la colección, Thaide, DJ Hum, DJ Ninja, MC Jack, O Credo y Código 13, y también para otros artistas de la época, como Racionais MC's, que un año después lanzaron sus primeras canciones en otra colección. Hip Hop Cultura de Rua fue un hito en la historia de la cultura en Brasil. De los ocho temas que componen el LP, mi favorito es el clásico de Thaide & DJ Hum, "Corpo Fechado".

"¡Me atire uma pedra, que eu te atiro uma granada!"

Jazzy Mel

INTRODUCCIÓN

"O RAP é a comunidade enchendo a laje
É ir no cinema ver um filme e tá lá o Sabotage
É quando um moleque da Fundação contraria
E ganha um concurso de poesia
O RAP é halls preto não é bala de tutti frutti
É um carrinho de dog que virou food truck
A caneta do GOG, a agulha do KL Jay
Os pés do Nelsão, as mãos dos Gêmeos no spray"

Lição de Casa - Renan Inquérito

"Si la historia es nuestra déjanos escribir", así dice una frase de Renan Inquérito. El Hip Hop es nuestro, me siento parte de esta historia, mismo no estando allí en 1988. En esos años nascí yo, así pido permiso para cuentar esa historia, con muchísimo respeto a todos los que lo hicieron y lo hacen posible, ¡muchas gracias!

El primer disco vinilo que yo pude dicir "es mio" fue Afrociberdelia, de Chico Science & Nação Zumbi, coincidencia o no, mi primer libro sobre música fue sobre Chico Science & Nação Zumbi y el movimiento *Manguebeat*, hoy estoy aquí para hablar de otro movimiento, el Hip Hop, que en mucho se parece con el *Manguebeat*, ambos tienen música, tienen baile, tienen arte, tienen una forma de expresarse. Especialmente se eres um joven de las afueras y barrios marginales.

Dejando de lado las comparaciones, recibí de regalo el disco Afrociberdelia, sin tener un tocadiscos para ejecutarlo, una ación desencadenó una serie de otras, primer fue conseguir um tocadiscos, después conseguir más LPs. Creo que una coleccion de discos tiene que cobrir lo número más alto de clássicos posible, álbumes que escuchamos dela primera a la última pista sin pasar ninguna. Entonces la cantidad de discos aumentó, hasta que aparezca el clásico más grande, el disco legendario "Hip Hop Cultura de Rua".

Cuando tomé este LP por primera vez, fue en una librería de viejo, pronto me di cuenta de que el disco era una rareza, por varias razones, cómo siendo el primero registro fonográfico del hip hop brasileño, o sea, primer álbum de su tipo con artistas brasileños que se grabará en Brasil, (hay algunas controversias, que discutiré más adelante). Otro hecho que hace que el disco sea único es que es nada menos que el lanzamiento al mundo de Thaide & DJ Hum, uno de los dúos más importantes del rap de Brasil. El disco todavia tiene su importância histórica simplemente porque tiene tres décadas, ¡son 30 años de Hip Hop Cultura de Rua!

Llegó a la idea de este libro, honrar este importante álbum de la historia de la música brasileña, da historia del *rap* em Brasl y que tiene toda la esencia del comienzo del Hip Hop mundial. Conozcamos un poco sobre la historia del álbum, del contexto de la época, pasando por la nostalgica estación de metro São Bento, conociendo la compañía discográfica y los productores detrás del álbum, comprendiendo el lado artístico de Thaide & DJ Hum, MC Jack, O Credo y de Código 13 que iluminó la colección con sus desafiantes letras y ritmos cómo una manera de expresarse, salindo de los guetos de São Paulo y teniendo lugar en el centro de la ciudad con sus rouas, estilos, posicionamiento y mucha actitud y cultura.

Y para comprender mejor qué es álbum Hip Hop Cultura de Rua, vamos compreender lo que es el movimiento Hip Hop, o cómo muchos prefieren decir, una cultura en movimiento, que llegó a Brasil en los 80 y há perpetuado haciendo que el rap alcance su ascenso en estos días.

"Não estive na São Bento, mas eu sei a história toda. O rap em casa já fez boda paciente como o Yoda esperando a minha vez".

Rap de Raiz – Mzurisan

I

UNA BREVE HISTÓRIA SOBRE EL HIP HOP

"Começamos nos guetos das grandes capitais
Movimento dos pretos e de seus ideais
Somos filhos de Ketu, somos originais
Hip Hop é feito com tempero de paz
Dançamos por aí, grafitamos murais
Lá eles têm Jay-Z, aqui tem Racionais
Pode ser Mc, se não for tanto faz
O importante é sentir

Que o hip hop é foda"

Hip Hop É Foda - Rael

Antes de dirigirse ai álbum Hip Hop Cultura de Rua es importante dar algunos antecedentes, trae el concepto de Hip Hop y cómo surgió el movimiento, su llegada a Brasil y su punto de ebullición en la estación de metro São Bento, en la ciudad de São Paulo.

FIG.01. Nelson Triunfo y Funk Cia em la calle 24 de Maio en São Paulo,
Hoy es la zona cero del movimiento en la ciudad paulista.

Estos puntos son cruciales para que comprendamos el álbum y sus consecuencias en el rap, porque la colección sella una fraternización de pandillas de *break*[1] de la época y muestra un camiño que muchos siguieron: de *bboys*[2] a *mc's*[3]. Entonces, el primer paso es mirar brevemente el concepto de Hip Hop:

---

[1] *Break*, abreviatura de *breaking*, manifestación corporal a través de la danza, elemento integral de la cultura Hip Hop.

[2] *Bboys* es como se llaman los bailarines de *break*.

[3] Abreviatura de Maestro de Ceremonias, en Hip Hop el MC es la persona que introduce la poesía, o es cantante de rap.

HIP HOP, EL CONCEPTO

"E pense bem antes de dizer
Ao que vocês nem vem a saber
Escutar hip-hop é coisa normal
Entender o hip-hop é onde está o mal"

Código 13 – Código 13

El hip-hop es la unión de los cuatro elementos: *DJ, MC, Graffiti*[4], *Breaking*. Siendo el *DJ*[5] responsable de la música, por instrumentales y la marca de hip hop, el *scratch*[6]. El *MC*, acrónimo para Maestro de Ceremonas, es responsable por las rimas, por la métrica y *flow*[7], el MC crea conciencia y pensamento del hip hop, porque es a través del *rap*[8] que los mensajes se transmiten.

El *graffiti* es la parte gráfica del movimiento hip hop, es la arte plástica, con las latas de *spray* los artistas de graffiti, también conocidos como *writers* (escritores) deja sus colores en las paredes. El *breaking*, también llamado de *break*, es la expresión corporal del hip hop en forma de danza, ocupado por un ritmo más acelerado, dirigido por el *DJ*.

Fue a la Zulu Nation, organización fundada por el DJ Afrika Bambaataa, donde nació el concepto de "elementos" del hip hop, y también trajo el lema de la cultura: "paz, amor, unión y diversión" y con el objetivo de dar a los jóvenes voz, visibilidad e identidad a través de la danza (*b-boy* e *b-girl*), el arte de pintar (*graffiti*), música (*DJ*) y composiciones poéticas (*MC*)", como el artículo trae "A Linguagem da Cultura Hip Hop (Os 4 Elementos do Hip Hop), del sitio *Estilous Urban Style*[9].

---

[4] Graffiti es arte urban a través de pinturas, principalmente de spray em las paredes por la ciudad.
[5] DJ significa Disc Jockey
[6] Scratch es el movimiento que hace el DJ con sus manos en el disco de vinilo, llevándolo de un lado a otro para crear un ruido, llamado scratch.
[7] Flow, también conocido como levada, es la forma utilizada de un MC de cantar, eso puede ser más melódico o puede ser máss seco y hablado.
[8] Rap, acrónimo de rhythm and poetry (ritmo y poesía) es la parte musical del hip hop, es la unión del MC con el DJ, o sea, es la unión de la poesia con la música.
[9] Mirar las referencias bibliográficas

Ademas de Afrika Bambaataa, otros nombres son considerados como padres de la cultura hip hop, por su protagonismo a principios de la década de 1980, DJ Kool Herc, DJ Holywood, DJ Grand Master Flash y DJ Grand Wizard Theodore, también contribuido al nacimiento y desarrollo del Hip Hop como movimiento y como cultura.

El DJ, MC, *Graffiti* y *Break* son los elementos de algo en común, la cultura Hip Hop, necesariamente definido por la actitud del hip hop, que constituye la postura ética y moral en relación con su entorno, o sea, los bairros marginales, guetos y comunidades necesitadas, ya que es el contexto em el que se insertan tus seguidores.

La atictud hip hop, de manera genérica, presenta cinco ubicaciones básicas, según lo informado por Geremias Luiz, en su trabajo "A Fúria Negra Ressuscita, As Raízes Subjetivas do Hip Hop Brasileiro",[10] de 2006, esas colocaciones son:

> *El orgullo negro, compromiso con las comunidades pobres, la negación del crimen como una forma de acción, la búsqueda del establecimiento de un movimiento cultural y político integrado, donde la lealtad es un principio no negociable — y la crítica al sistema — la cultura dominante fundada en la posesión del bien material como condición de ciudadanía..*

Despues fue incluido un quinto elemento no hip hop, el Conocimiento, que se relaciona con la manifestación cultural que propone revolucionar el mundo sobre la base de la información, compartir ideas que pueden contribuir a esta revolución.

---

[10] Ídem 9

FIG.02. KL Jay, del grupo Racionais MC's, representante de los DJ's en la Cultura Hip Hop.

FIG.03. Rapero Thaíde, representante de los MC's en la Cultura Hip Hop – Comenzó en el movimiento como B.Boy, pero fue en rap, al lado de DJ Hum que se destacó.

FIG.04. Arte de los grafiteros "Os Gêmeos", en un autorretrato, los artistas son representantes del graffiti em la cultura Hip Hop.

FIG.05. Nelson Triunfo, b.boy y pionero del Hip Hop en Brasil, representante del break.

El NACIMIENTO DEL HIP HOP

"Eu sou o Hip Hop, o piso xadrez
O popping, o locking e minha esperança são vocês,
Sou os DJ's, as pick ups, as agulhas, os riscos
A primeira loja que Kool Herc comprou um par de discos
Sou Mestre de Cerimônia que eterniza o tempo e o espaço
Com uns freeze de crazy legs, Sugar Hill Gang, 8 compassos"

Gil Scott Heron - Marcello Gugu

Jamaica, principios de la década de 1970, muchos abandonaron la isla para buscar sustento en los Estados Unidos, debido a una grave crisis económica[11] que golpeó al país. Y eran jamaicanos, como el DJ Kool Herc, quien introdució lo que luego se llamaría Hip Hop, gracias a una tradición de los sistemas de sonido jamaicanos.

FIG.06. *Sound Systems* y *toasting* jamaicanos en la década de 1960.

---

[11] El gobierno jamaicano era de naturaleza socialista y sofrió embargos estadunidenses, debilitando economicamente la isla, según http://latinoamericana.wiki.br/verbetes/j/jamaica

En la década de 60, en los guetos de la capital jamaicana Kingston, aparecen animadores de fiestas, conocidos como *sound system*[12] *y* los *toasting*[13] los maestros de cerimonias, que hacian las fiestas en las calles de los guetos y hablavan entre las canciones, en los intervalos entre una canción y otra, los *toasting* mostraron en sus discursos los problemas pertinentes a la grand mayoría de los pobres, quien se identificó escuchando discursos sobre sexo, drogas, brutalidad, criminalidad, desigualdad social, segregacionismo, política, etc.

Como a mayoría de la población no podia pagar condições financeiras para usufruir eventos precisos y elitistas, las alternativas eran los bailes en las afueras, siendo esta una gran manifestación popular. Y estos eventos se llevaron a cabo de gueto a gueto, los *sounds systems* no solo tocaron los éxitos de radio del país, siendo el espacio perfecto para que artistas principiantes y alternativos muestren su voz, esto le pasó a Robert Nesta Marley[14], mejor conocido como Bob Marley, y su primer grupo Wailing Wailers[15], con la música "Simmer Down" rechazada por las radios debido al exceso de jerga procedente de las afueras de Kingston. Así nace otra expresión, el *"rude boy"*, en libre traducción: "barra-pesada", Esta expresión se atribuye a los residentes de los barrios marginales de Trenchotown y de Concrete Jungle, en Kingston, y como características estaban armados, escuchaban ska y causaban confusión.

---

[12] Potentes autos con sonido que tocaban ritmos jamaicanos.

[13] Embrión de los MCs, los toasting recitaron poesías sobre los instrumentales de los sound systems.

14 Bob Marley, el rey del reggae, nasció en 06 de febrero de 1945, en Nine Mile, Saint Ann, Jamaica, faleció con 36 años en Miami, Flórida, EUA.

[15] Wailing Wailers, banda de reggae fundada por Bob Marley en 1962, en Kingston, empiezan con los géneros musicales *ska* y *rocksteady*.

FIG.07. Wailing Wailers, formado por Bob Marley, Peter Tosh, Bunny Wailer,
Berverly Kelso, Cherry Smith y Junior Braithweire

A pesar del boicot otorgado por las radios, creyendo que Los
Wailing Wailers eran *rude boy's,* el grupo logró extenderse a los jóvenes,
gracias al espacio provisto por los *sounds systems* y se convertió em el
conjunto más de Jamaica, y trajeron en sus canciones la dura realidad
de los guetos de Kingston y la dificultad económica, social y racial que
experimentó Jamaica.

Las comunidades necesitadas, y en su mayoría negras, ahora
muestran tu voz, y muestra al país tus intereses, debido a la fuerte letra
social de los *toasting* y a través del poder de los *sounds systems,*
solidificándose en la cultura popular del país, para alentar la acción

conjunta en los barrios bajos de la comunidad para ayudarse, apoyándose mutuamente frente a problemas sociales.

Pero en los años 70 la situación ya difícil en la isla empeora con un boicot estadounidense impuesto al país, hundiendo a Jamaica en una profunda crisis económica y haciendo que muchos jamaiquinos abandonen el país en busca del sueño americano[16]. Parte de los inmigrantes llegaran a *South Bronx*[17], en Nova Iorque, y junto con su equipaje trajeron la cultura jamaicana de los bailes periféricos.

Entre los que trajeron la tradición del gueto de Kingston a los Estados Unidos se encontraba DJ Kool Herc[18].

Clive Campbell, después pasó ser conocido como DJ Kool Herc, dejó Jamaica buscando una mejor condición de vida y vino a Nueva York, con la cultura de los *sound systems y toasting*, que luegp fue acepta en el *South Bronx*, la diferencia es que em los E.E.U.U. no se se utilizaron coches con sonido potente, como en Jamaica, y sí equipos de sonido más simples y las fiestas no rodaban en las calles, pero en departamentos. Los Estados Unidos vivió un período de guerra racial, los ataques contra negros y latinos eran frecuentes, luego vinieron líderes como Martin Luther King[19] y Malcom X[20], que se reflejaron em la música, como el *jazz*, el *funky* y el *soul*, ritmos negros, que se expresaron contrarios a estos ataques, buscando elevar la autoestima y el orgullo de ser negro, James Brown[21], habló y anima en sus espectáculos: "Habla fuerte: soy negro y tego orgullo de esto", mantra de Steve Biko[22], activista sudafricano. Debido a este escenario en el que se encontraba el país, las fiestas simples de Campbell aparecieron como una opción para los bailas de élite de *Manhattam*, atrayendo a una multitud a tu departamento.

---

[16] Una variedad de ideales que incluye libertad y oportunidad para el éxito y la prosperidade, mayores movilidad social para familias y niños, logrado a través del trabajo duro en una sociedad sin barreras. (Wikipedia)

[17] Bairro de Nueva York, EEUU.

18 DJ Kool Herc, jamaicano nasció en Kingston en 1955.

19 Martin Luther King, pastor protestante y activista político, nació en Atlanta en 15 de enero de 1929 y faleció en Memphis en 04 de abril de 1968.

20 Malcon X, defensor del nacionalismo negro, nasció en 19 de mayo de 1925 en Omaha y asesinado en 21 de febrero de 1965 en Nueva York.

[21] James Brown, el padre del funk y rey del soul, nacido el 3 de mayo de 1933 en Barnwell, falleció el 25 de diciembre de 2006 en Atlanta.

[22] Steve Biko, activista sudafricano contra el apartheid, nacido en 1946 y asesinado en 1977.

El equipo utilizado para estas fiestas eran tocadiscos que a menudo se encontraban en los botes de basura, tan obsoletos, a medida que la tecnología del entretenimiento iba creciendo, especialmente en el segmento de la electrónica, que sustituyó los vinilos analógicos por los CD digitales. Y fue con dos tocadiscos encontrados como chatarra que Campbell se dio cuenta de que usando dos discos de vinilo idénticos, es decir, con la misma música, y con la ayuda de un *mixer*[23], podría prolongar la parte instrumental de las canciones, lo que llamaron *"break"* o *"break beat"*, esta parte instrumental de la canción, sin voces, ya veces más acelerada, ya que requería destreza y cadencia del DJ, era la preferida por la multitud que asistía a las fiestas, haciéndolos más agitados cuando pasaba ese momento. Kool Herc también usó la cultura del *toasting*, en los descansos, haciendo discursos políticos además del instrumental aislado de los discos.

Pronto las adaptaciones que hizo Herc, sirvieron de inspiración para el nacimiento de otros DJs, como es el caso de Kevin Donavam, un neoyorquino del Bronx, que también hacía sus fiestas, y llegó a ser conocido como DJ Afrika Bambaataa[24], líder de una pandilla violenta, pero que comenzó a luchar contra el crimen y la brutalidad convirtiendo a su *gang*, y consecuentemente a las demás, en grupos de baile, donde las diferencias ya no se resolverían en base a la violencia, sino en la danza, en *breaking*[25], un baile en suelo, con movimientos "rotos" que recuerdan a los robots, que con el avance de la tecnología, fueron cada vez más en auge

El autor Spensy Pimentel dice en su libro, "O Livro Vermelho do Hip Hop", que:

> *"Entre los soldados que regresaban de la guerra había muchos negros y latinos; como en cualquier guerra, los pobres se convirtieron en "carne de cañón". Además de los mutilados, varios adictos: en ese momento, el consumo de drogas en guetos como el Bronx y Harlem aumentó mucho. Estos excombatientes también fueron discriminados porque la población había visto en la televisión que el ejército había realizado*

---

[23] Mixer es un dispositivo que tiene como finalidad unir los canales de los tocadiscos y dirigir la música al altavoz deseado.

[24] Afrika Bambaataa, líder de Zulu Nation, nació el 19 de abril de 1957.

[25] Breaking, elemento de hip hop, danza urbana creada en el Bronx.

ataques bárbaros en Vietnam. Les resultó difícil reintegrarse a la sociedad, conseguir un trabajo y terminaron en la marginalidad. El tema puede parecer lejano, pero todo tiene mucho que ver con el Hip-Hop".

A Bambaataa se le atribuye como el padre del Hip Hop, pues además de ser DJ, creó Zulu Nation[26], que organizó y definió los elementos del Hip Hop, además, el término *"hip hop"* fue introducido por Afrika Bambaataa, según cita la revista DJ Sound[27], en la edición de julio de 1994:

> *"El término fue establecido por Afrika Bambaataa, en 1978, inspirado en dos motivaciones diferentes. El primero fue en la forma cíclica en que se transmitía la cultura del gueto. El segundo fue exactamente en la forma de baile más popular en ese momento, es decir, saltar (hip), mover las caderas (hop)".*

Uno de los discípulos de DJ Kool Herc, fue el DJ Grandmaster Flash[28] quien perfeccionó el arte de los tocadiscos y tuvo un gran aporte al Hip Hop, pues se le asigna el *sample*[29], sincronización y mezcla de partes de diferentes vinilos, Flash también creó la primera batería electrónica, que se denominó *"beat box"*.

Uno de los mitos del Hip Hop tiene que ver con la creación de *scratch*, el ruido que se hace al mover un disco de vinilo de un lado a otro, lo que hace que la aguja raye el disco, algunos estudiosos del tema atribuyen a DJ Grandmaster Flash tal invento, como cita al antropólogo e investigador musical Hermano Viana en su libro "O Mundo Funk Carioca":

> *"Grandmaster Flash, quizás el más talentoso de los discípulos del DJ jamaicano, creó el 'scratch', es decir, el uso de la aguja del tocadiscos, rascando el vinilo en sentido antihorario, como instrumento musical. Además, Flash entregó un micrófono para que los bailarines pudieran*

---

[26] Zulu Nation grupo liderado por Afrika Bambaata que creó los mandamientos del Hip Hop.
[27] Revista DJ Sound, revista especializada en discoteca.
[28] Grandmaster Flash, nacido en Bridegetown, Barbados el 1 de enero de 1958.
[29] Sample, muestra, toma una pieza de música y toca otra.

improvisar discursos al ritmo de la música, una especie de canto hablado electrónico que se conoció como rap".

Tales improvisaciones que hicieron Flash, Herc o Bambaataa, pasando el micrófono a los *b.boys*, fue la reconfiguración del *toasting* de Jamaica que habló, esta vez con un poco más de *flow*, los mismos temas que les causaban dolor, pero también incitando el orgullo de ser un joven negro y la obligación de trastocar su realidad a través de la conciencia de grupo.

Luego vinieron los primeros grupos de rap, *Kool Herc and the Herculoids*, que estaba compuesto por Herc, Coke La Rock y Clark Kent. Además Grandmaster Flash también creó su grupo, *Furious Five*, compuesto por Cowboy, Melle Mel, Kid Criollo, además de por supuesto Flash.

Otro nombre que se recuerda como precursor del rap, es el de DJ Hollywood, a mediados de los 70 amenizaba sus fiestas rimando en el micrófono, sobre los beats, de una manera muy relajada, creando el eslogan: *"Throw your hands in the air and wave'em like you just don't care"*, nn traducción: "Lanza tus manos al aire y balancea como si no importara". *The Last Poets* es un grupo de poetas de los años 60, con su poesía encima de instrumentales, sirvió de gran influencia para el *rap*, como lo hizo Gil Scott-Heron, con su poesia *"The revolution will not be televised"* ("La revolución no será televisada"), considerado por muchos como el primer *rap*.

Pero, de hecho, la primera canción de *rap* que se grabó, dentro del contexto del Hip Hop, fue *"King Tim III (Personality jock)"* de *Fatback*[30], lanzado en 1979. Una semana después, *Sugarhill Gang*[31] lanzó la canción "Rapper's delight" que aprovecha el estilo del *rap* al ser un *bestseller* y ayudó a popularizar el gênero musical.

A finales de los 70 aparecieron los álbumes de rap pioneros, y el primero en causar mucho ruido fue el disco *Raising Hell* de 1986, del grupo *Run DMC*. El rap se convirtió en el más joven de los estilos afro-musicales, con sus canciones de protesta además de resaltar la

---

[30] Fatback Band fue formado en Nueva York en 1970 por Bill Curtis para experimentar la fusión de *jazz* y *funk*.

[31] Sugarhill Gang, trío estadounidense pionero del rap en Estados Unidos, activo desde 1975 mezclando hip hop y *funk*.

identidad negra, también exaltaba las emociones de revuelta con los problemas provocados por el racismo.

FIG.08. Grandmaster Flash, Afrika Bambaataa y Kool Herc.

Herc, Flash y Bambaataa reinaban en una parte del Bronx animando las fiestas que se realizaban en las calles. Luego vino el término *"Cultura de Rua"* (cultura callejera), que es como un apellido del Hip Hop, y que también sirvió como nombre para el primer disco del género grabado en Brasil y que es objeto de estudio de este libro.

HIP HOP LLEGA A BRASIL

"Nascido no Bronx
Criado no mundo inteiro
Na década de 80 chega em todo território Brasileiro
Mudando conceitos, mudando vidas, veio pra transformar.
Nua e crua, linguagem da rua em qualquer lugar"

Batam Palmas - Thaide

No pasó mucho tiempo para que el Hip Hop se convirtiera en fiebre en Estados Unidos, y pronto comenzó a exportarse a otros países, uno de ellos, por supuesto, fue Brasil.

A diferencia de lo que sucedió en América del Norte, no fueron los bailes de departamentos en los guetos, con el DJ, lo que hizo que la gente comenzara a percibir e interesarse por el Hip Hop, sino el *breaking* que instigó a la juventud brasileña.

En este punto es importante remontarse hace un siglo, a 1888, en los eventos que siguieron a la abolición de la esclavitud en Brasil. En el documental contenido en los extras del DVD "1000 Trutas, 1000 Tretas", de 2006, donde los Racionais MC's traen su teoría sobre el desarrollo de la cultura negra en Brasil, desde la abolición a las danzas negras, en la década de 1980. Mano Brown explica sobre la modernización de la ciudad de São Paulo y el trato hostil a la comunidad negra:

> *"Poco después de la abolición, la población negra de São Paulo fue excluida de los planes del gobierno, deberían ser removidas y escondidas de la ciudad moderna, todo rastro de la civilización negra debería ser borrado lo antes posible, informes de sanitarios, trabajadores de la salud y los jefes policiales pintan un cuadro de horror en relación a los lugares y estilos de vida de los negros, en 10 años la población negra ha disminuido drásticamente y misteriosamente, hecho que satisfizo, pero también intrigó a las autoridades y periodistas de la época".*

Con desdén y maltrato, incluso después de la abolición, los negros se vieron obligados a vivir en áreas remotas, formando comunidades pobres y barrios marginales, debido al descuido de las autoridades públicas. El proceso de "favelización" tuvo lugar en São Paulo en la década de 1940, principalmente con el aumento del flujo migratorio hacia la ciudad.

La capital de São Paulo ya se destacó en las décadas de 1970 y 1980 como un centro industrial y comercial en Brasil, muchas personas dejaron sus estados de origen y emigraron al estado de São Paulo, este mestizaje de personas ayudó a moldear el carácter de este gigantesco centro económico.

En Brasil, en los años 70 y 80, los bailes negros eran muy comunes, con música disco, *funky* y *soul*, que eran estilos musicales que más disfrutaban los negros en el país. El Hip Hop, en Estados Unidos, nació de estos movimientos musicales, y en Brasil no fue diferente, estos géneros también fueron la cuna de la cultura Hip Hop. Kaseone[32], en una entrevista para este libro, al ser preguntado cómo eran los bailes en la década de 1980, recuerda que con los avances tecnológicos en el área de la información, la música negra comienza a ganar protagonismo en los medios y a llamar la atención:

> *"Los negros se unieron a disco y soul susic ya se junta, los chicos ya lo disfrutaban y como estos dos fenómenos musicales llegan a Brasil, más o incluso en ese momento, lo que pasa, empieza a crear los movimientos, pero mucho pocos, como "riesgo de incendio", ¿sabe? Un fuego empieza aquí, un fuego allá y se va, pero no es gran cosa, empieza a tener mayores proporciones en 81, ¿sabes? Cuando la comunicación está abierta al público, de una manera que abarca a todos, entonces empiezas a ver un comercial de televisión que tiene una canción, una novela que tiene una banda sonora internacional, ves una película que tiene una canción, una banda sonora atractiva, por lo que todo comienza ahí hermano".*

En el libro "Pergunte a quem conhece: Thaíde", de César Alves, en su introducción, explica que el primer elemento del Hip Hop que ganó protagonismo fue el *breaking* y que llegó a Brasil a través de las clases sociales más acomodadas, ya que estas pudieron viaja a los Estados Unidos y aprende

---

[32] Kaseone, también conocido como Fábio Aparecido da Motta, escritor de graffiti, diseñador publicitario, educador de arte y diseñador web, miembro de la crew de break Nação Zulu, de la que el grupo O Credo era miembro.

movimientos de baile allí y repítelos en los bailes de los clubes nocturnos. A medida que avanzaba la tecnología, en comparación con la actualidad, todo seguía siendo muy precario y la información sobre la noticia no llegaba a suelo brasileño. El Hip Hop, con *breaking, graffiti, DJ* y *MC*, ya estaba pasando en USA, ya se organizaba para fortalecerse, mientras nosotros teníamos dificultades aqui en Latinoamerica: Kaseone también recuerda sobre este tema de las clases con mayor poder adquisitivo para llevar información a demasiado:

"En ese momento, no había, y lo que pasó, lo único que tenía de información es cuando la gente se fue al extranjero, ¿sabes? Salieron de Brasil, fueron al exterior, a cualquier parte del mundo, trajeron algo, luego trajeron una revista, trajeron un libro, tomaron una foto, ¿entiendes? Trajeron un CD de música, era este tipo de comunicación que teníamos, era gente en ese momento, y fue muy difícil".

Kaseone reflexiona sobre este período y se da cuenta de que la forma en que sucedieron los eventos, que fueron naturales, fue importante para que la cultura Hip Hop floreciera en Brasil, porque sin este tráfico de información, no sería posible desarrollar Hip Hop en Brasil:

"La importancia de que estas personas estuvieran ahí, en esta construcción, fue muy vital, porque la cultura brasileña no tenía la fuerza para adquirir información en el exterior, entonces teníamos esta base, verdad, esta gente, entonces toda esta mezcla, clase media con clase baja , ella era importante, pero era natural, no había nada forzado".

La socialización de las clases sociales más acomodadas con la gente de la clase social baja se dio a través de la estética, porque *"les gustó la ropa, les gustó el movimiento, les gustó el look, la música"*, dice Kaseone durante la entrevista, y agrega que *"estas personas que tenían un poco más de dinero, ¿qué hacían? Tenían que mesclar"*. Entonces la estética que trajeron las clases sociales de menor poder adquisitivo, provenientes de los bailes negros, sumado a la atención mediática que comenzó a tener esta escena, la gente con mejores condiciones económicas comenzó a querer involucrarse con la cultura, y más que eso, comenzaron a brindar información.

César Alves también comenta, en el libro "Pergunte a quem conhece: Thaide" que la noticia llegaba a las discotecas, traída por la gente que podía viajar, y esa noticia eran los pasos del *"break"*, pero nadie la conocía por ese nombre. El baile llegó a los bailes, pero se hizo popular y se convirtió en fiebre, en las calles, más precisamente en la famosa Rua 24 de Maio, en la ciudad de São Paulo.

Taty Godoi, actriz y rapera, asistió a los bailes negros de esa época, y para este libro dio una entrevista, para recordar cómo era el ambiente de esa época en las salas de conciertos:

> *"Abría ruedas a los bailes, pero el predominio eran los 'passinhos', los famosos 'lagartixas' (lagartija), en ese momento tocaba de todo: lento, samba rock y mucho rap gringo. Fui a algunos, fui al show de Tim Maia, Betty Wright y otros, solo tenía 14 años, y lo último que recuerdo es que irrumpieron en el tocado y se llevaron varios abrigos de piel, ¡incluido el mío que estaba de moda en ese momento!".*

Uno de los responsables de tomar el *breaking* de las discotecas y llevarla a las calles fue Nelson Triunfo[33], de Pernambuco en la ciudad de Triunfo, que lleva el nombre artístico. En el libro "Nelson Triunfo - Do Sertão ao Hip Hop", Gilberto Yoshinaga traza la saga de Nelsão, como también se le conoce, desde que salió de Pernambuco, su paso por Brasilia, y hasta que encontró el *breaking* en São Paulo. Nelson siempre ha sido un chico de dance, *soul* y *funky*, y en 1983 cuando un amigo regresa de Estados Unidos y narra el "nuevo baile" que vio allí, lo fascina. Yoshinaga en su libro, cuenta cómo su amigo le presentó a Nelson Triunfo:

> *"Describió en detalle la forma en que los bailarines se retorcían, realizaban acrobacias que desafiaban las leyes de la física y rodaban o giraban de cabeza por el suelo. Mostró revistas con fotografías que confirmaban tales informes e incluso indicó nombres de películas y videoclips de referencia. Para un amante de todo tipo de danza, esa descripción sonaba como si se hubiera descubierto un nuevo planeta".*

---

[33] Nelson Triunfo, nació el 28 de octubre de 1954 en Triunfo, Pernambuco, líder del grupo de Hip Hop *Funk & Cia* y considerado por muchos como el padre de la cultura en Brasil. En 2014 ganó una biografía titulada "Nelson Triunfo - Do sertão ao Hip Hop" y el documental "Triunfo", dirigido por Caue Angeli, contando su historia.

Nelson luego comenzó a dedicarse al *break*, junto con Funk & Cia, y pronto apareció en los *bailes black* a los que asistía, como los de Fantasy, la famosa discoteca de São Paulo en los años 80. Sin embargo, Triunfo entendió que el *breaking* nació en las calles, y en las calles debe quedarse, porque no es solo un baile, sino una manifestación cultural, y la libertad de dar pasos de *"break"* que solo las calles pueden brindar.

La idea de bailar en la calle ya se le había pasado por la cabeza a Nelson a fines de la década de 1970, cuando junto a Funk & Cia presentó unos pasos *funky* y *soul* en Viaduto do Chá, en São Paulo, que desde la década de 1960 era un bastión de la juventud negra paulistana, que se reunía todos los viernes para intercambiar información sobre la música y la cultura en general, el personal encendió el sonido de los coches y dio *"play"* en las cintas de K7, como recuerda Triunfo en el documental "Marco Zero do Hip Hop", dirigida por Pedro Gomes. El grupo comienza a actuar en la Praça Ramos de Azevedo, en las gradas del Teatro Municipal, luego en la acera frente a la tienda Mappin, donde los empleados del establecimiento, que admiraban el baile, ayudaban entregando cajas de cartón para los *b.boys* realizar sus actuaciones, ya que el piso de la acera era desnivelado, hasta que encontraron la esquina de las calles 24 de Maio y la Praça Dom José de Barros, un lugar considerado la Zona Cero del Hip Hop.

Este lugar comenzó a reunir elementos de la cultura Hip Hop, porque además de la gente que rompía, había recortes de revistas y periódicos que citaban a *MC*, *DJ* y artistas de *graffiti* y comenzaron a alentar el deseo de la gente de querer adentrarse en esta cultura.

La ropa de Nelson Triunfo y Funk & Cia era colorida y extravagante y llamó la atención de las personas que pasaban por el centro de São Paulo y se detuvieron a ver la rueda, el grupo aprovechó y "pasó el sombrero" con la intención de recolectar algo de dinero para energía y baterías para radios *boombox*.

FIG.09. Placa conmemorativa que indica la Zona Cero del Hip Hop en Brasil, en la esquina de Rua 24 de Maio y Praça Dom José de Barros en São Paulo Capital.

El 26 de septiembre de 2014 se inauguró en São Paulo, en la intersección de la Rua 24 de Maio y Rua Dom José de Barros, Zona Cero del Hip Hop, como una forma de honrar y eternizar el lugar donde la cultura dio sus primeros pasos.

Nelson Triunfo, el flaco de gran cabellera, figura única en las calles de São Paulo, se convirtió en el rostro del *breaking*, tanto que para el estreno de la telenovela Partido Alto de Rede Globo, la dirección de la atracción lo buscó en la Rua 24 de Maio para participar y de alguna manera ser un "consultor", porque la idea era mostrar la "*fiebre del break*" en la apertura de la telenovela.

El lugar era perfecto para bailar, pero causó mucho malestar en los comerciantes de los alrededores, ya que las ruedas de *breaking* atrajeron el "marginales" y trajeron el miedo a las agresiones a los clientes, en opinión de estos comerciantes, que comenzaron a boicotear em *breaking*, en el acto, como cuenta Yoshinaga en el libro "Nelson Triunfo - Do Sertão ao Hip Hop":

"Un episodio llamativo en esa calle tuvo lugar en el malecón favorito de los b-boys, frente a los grandes almacenes Mesbla, en la esquina con Dom José de Barros. Irritada por la presencia diaria de los bailarines, la dirección de la tienda no tenía potestad legal para impedir que se quedaran allí, ya que era un espacio público. Una mañana, cuando llegaron al malecón, Nelson Triunfo y sus acompañantes se sorprendieron: el piso estaba lleno de desinfectante Creolina. Viscoso y con un olor fuerte y desagradable, el producto era todo un obstáculo para la práctica del breaking".

Pasaron los días y se repitió esta historia de Creolina, antes de comenzar los círculos de baile los *b.boys* tuvieron que limpiar el lugar, lo que no siempre fue posible, y la solución fue usar periódicos y cartón. El hecho molestó mucho a Nelson, que para solucionar este problema dio un paso desesperado: durmió al lado del lugar donde se arrojó la Creolina, con la intención de mirar la escena y atrapar al saboteador, con quien atrapó el salto de un empleado de la tienda Mesbla con un balde de Creolina, lista para verter en la "sala de baile". Al ir a obtener satisfacción del gerente de la tienda, dijo que la rueda de *breaking* obstaculizó el flujo de clientes que querían llegar a la tienda, Nelsão, de manera educada, se disculpó con su "agressor" y prometió a mover un poco la rueda de baile, para no obstaculizar el acceso a la tienda, e incluso para publicitar Mesbla durante una pausa u otra en el baile. La situación se resolvió así, diplomáticamente, y la acera nunca volvió a aparecer sucia de Creolina.

A pesar de que la relación con los comerciantes había mejorado con la policía, las cosas seguían complicadas, varias veces el grupo de *b.boys* fue abordado, registrado y humillado, cuando no, fueron golpeados por la policía, la represión fue fuerte, es el año 1983, Brasil aún vivió la dictadura militar, Thaide recuerda en el libro: "Thaide 30 Anos Mandando a Letra", también de Gilberto Yoshinaga, cuando habla de la letra de "Corpo Fechado", sobre el fragmento *"Na quatro-três eu escrevi o meu nome numa cela..."* ("En Quatro-Três escribí mi nombre en una celda..."): *"Empiezo la segunda parte* [de la canción Corpo Fechado] *recordando una de las tantas veces que me detuvieron por el 'delito' de bailar en la vía pública"*.

Los truculentos excesos de la policía aumentaron a fines del 83, debido a dos hechos, se reemplazó el comando policial que ya conocía a Nelson Triunfo y toleraba a los *b.boys* y la nueva gerencia no estaba de humor para hablar con artistas callejeros. El segundo hecho ocurrió en un momento en que Triunfo estaba postrado en cama y alejado de las ruedas de *break*, lo que culminó en la falta de liderazgo en las calles, ya que fue Nelsão quien habló con comerciantes y policías, cuando fue necesario, y esta falta de gestión, diplomacia y la visión debilitó el movimiento de *breaking* de la Rua 24 de Maio, que poco a poco atrajo a menos aficionados, hasta que el lugar dejó de recibir a los *b.boys*.

Con Marco Zero de Hip Hop ya no recibiendo ruedas de *breaking*, les tocó a los bailarines buscar un nuevo *point* para continuar con su pasión, unos se fueron al Bom Retiro, otros al Parque Ibirapuera y otros a la estación de metro Tiradentes, pero fue en otra estación donde la cosa cobró proporciones gigantescas en Brasil, y nuestra próxima parada será allí, en la estación São Bento.

II

O HIP HOP EM SAMPA

"A primeira gangue que eu vi na minha vida
Foi no Centro da Cidade, Nelsão e Funk & Cia
Ignorâncias e brigas tiveram o seu fim
Quando surgiram Street Warriors e Back Spin
Nação Zulu e Crazy Crew também apareceram
Com mais vontade que as gangues que desapareceram
Mas aonde vamos dançar em dias de chuva?
Não podemos sair com o box no meio das ruas"

Soul do Hip Hop – Thaide & DJ Hum

El hip hop aterrizó en Brasil en la década de 1980 y estuvo vinculado a la cultura de los bailes negros y golpeó con fuerza las periferias del país. Hasta ahora, todos los estudiosos del tema están de acuerdo, pero cuando se trata de qué ciudad fue pionera, muchos divergen, y luego la discusión se vuelve seria.

La ciudad de São Paulo siempre es recordada como la cuna del hip hop en Brasil, pero muchos afirman que, al mismo tiempo que estalló el movimiento en la capital de São Paulo, otros lugares como

Rio de Janeiro, Recife y Brasilia también tenían sus puntos. Toni C., en su libro "O Hip Hop Está Morto!", Recuerda que el movimiento estaba pegando fuerte en otros lugares como:

"Praça do Edifício JK en Belo Horizonte, Parque Moscoso en Vitória, Esquina Democrática en Porto Alegre y muchos otros lugares como si cada capital tuviera su São Bento".

Más adelante, este libro tratará de los pioneros y entrará, aunque de manera rápida y sucinta, en el tema de la ciudad pionera, tampoco es el objetivo afirmar dónde en realidad fue la cuna del Hip Hop, sino mostrar evidencias que nos ayuden. para comprender mejor esta hermosa historia en Brasil. El hecho es que la ciudad de São Paulo tiene un papel muy importante en la acogida del Hip Hop de Estados Unidos y en su desarrollo en suelo brasileño.

Como vimos anteriormente, el primer elemento que aterrizó en suelo brasileño fue el *breaking*, primero en los bailes, como los organizados en la Sociedade Esportiva Palmeiras, en São Paulo, y luego en las calles como en la Praça Ramos de Azevedo y en la intersección de 24 de Maio con a Dom José.

Otro punto importante para el *break* (y para el Hip Hop, en general) fue la estación de metro São Bento, que se comentará en detalle más adelante. Y luego vino la Praça Roosevelt, que también albergaba Hip Hop, dando más énfasis a los MC y donde se creó el primer colectivo de *rap* del país, el Sindicato Negro.

También fue en São Paulo donde se grabaron los primeros discos de rap y Hip Hop en Brasil, en este caso "Ousadia do RAP" de Kaskata's, "O Som das Ruas", de Chic Show, "Consciência Black", en 1989, de Zimbabwe, y por supuesto, "Hip Hop Cultura de Rua" de Eldorado.

La ciudad de São Paulo, y las ciudades aledañas, o incluso el campo, además de acoger la cultura Hip Hop, como um hijo, como si la cultura fuera brasileña, o paulista, fuera un catalizador del rap y el Hip Hop. Los grandes equipos de baile, que tenían el poder adquisitivo para pagar la grabación de un LP, estaban en São Paulo, Rede Globo, de Rio de Janeiro, fue a Sampa a buscar materia prima para el estreno de su novela, gente de otros estados comenzó a referirse a la movimiento Hip Hop en São Paulo.

Lo que ayudó al *break* a hacerse aún más popular en Brasil fue la película "Beat Street", también conocida como "*A Loucura do Ritmo*". La obra es de 1984, original de Estados Unidos, y fue dirigida por Stan Lathan[34] y cuenta la historia de Kenny, interpretado por Guy Davis, un aficionado al Hip Hop que sueña con ser un gran DJ de la noche en Manhattan, en paralelo a eso, la película muestra las batallas de *breaking* entre *crew* rivales que remedian sus diferencias a través del baile, colectivos uniformados y esa postura de no agachar la cabeza y dejarse intimidar por un equipo contrario o cualquiera. La película mostraba graffiti en los trenes de Nueva York y presentaba canciones como "*Frantic Situation*" de Afrika Bambaataa y The Soulsonic Force. Uno de los momentos más emblemáticos de la película es la batalla entre las pandillas de *b.boys New York City Breakers* y *Rock Steady Crew*, en el club Roxy de la ciudad.

La película *Beat Street* se estrenó después de *Wild Style*, considerada la primera película sobre Hip Hop producida, y en su banda sonora figuran nombres como DJ Grand Wizard Theodore. Ambas películas fueron de gran importancia para el movimiento, pero en suelo brasileño *Beat Street* golpeó de una manera única, una verdadera fiebre, llenando las salas de cine, haciendo que la multitud se sentara en el suelo, porque los cines estaban llenos debido a la identificación inmediata con la película, como dice DJ KL Jay, en testimonio para el documental "Nos Tempos da São Bento":

> "*Beat Street, lo vi cinco veces. Es lo mismo que dije: Identificación, ¿verdad? 'Mira a los chicos, qué loko, bailando break', loko! Por tanto, estaba hipnotizado por el negocio de la danza, la cultura, el sonido, ¿verdad? Fue una iniciación a la cultura*"..

Como resultado, muchos jóvenes quisieron sumarse al breaking, chicos de la misma calle o barrio se juntaron y formaron su pandilla, o crew, y pronto una pandilla se dio cuenta de otra y empezó

---

[34] Stan Lathan – nació el 8 de julio de 1945 en Filadelfia, Pensilvania, EE. UU. Director de películas y series de televisión.

a competir, debido al ambiente de la película, era necesario los grupos lucharon por demostrar quién manda en la zona, luego estaban las revanchas, la construcción estética de la indumentaria, los picos defendidos por cada equipo y la certeza de que esos jóvenes eran parte de algo único e importante para su generación, en el sentido afirmando su lugar en la sociedad. El movimiento se concretó en el centro de la ciudad, con jóvenes de periferias, de lugares remotos, esta observación es importante para la autoafirmación del joven de esa época, que se convirtió en un atractivo en el centro de la ciudad más grande de América Latina.

Pero todavía faltaba algo para recrear el ambiente perfecto que se mostraba en las películas, que era el encuentro de pandillas en la estación del metro, donde pasaba todo, desde provocaciones de una clase a otra hasta batallas de b.boys, y siguiendo la tendencia de Estados Unidos, No pasó mucho tiempo para que Brasil tuviera sus eventos vinculados al Hip Hop, sucediendo en una estación de metro. Este hecho muestra cómo la cultura en ambos países nació y se desarrolló de manera muy similar.

PRÓXIMA ESTACIÓN: SÃO BENTO

"Gambé olhava pro rádio e dizia- Desliga isso!!
Então fazíamos o som na lata de lixo.
Todo mundo desafiava o perigo.
Dj Hum chegava e ligava o Toca discos.
Tudo em nome da cultura Diversão.
Atitude Liberdade Informação.
Infelizmente isso já faz tempo.
Como eu disse, no tempo da São Bento."

Hip Hop Puro – Thaíde

La estación São Bento pertenece a la línea 1 del metro de São Paulo, también conocida como Línea Azul, que actualmente conecta

Tucuruvi con Jabaquara. La estación São Bento está entre las estaciones Luz y Sé.

El metro es un medio de transporte que tiene como objetivo aliviar el tráfico en las grandes ciudades. El primer metro fue el Metropolitan Railway, construido en Londres en 1863, de 6 km de largo, 6 metros de profundidad y 10 metros de ancho. En Brasil, el primer metro se construyó en la capital de São Paulo, inició sus obras en 1968 y se inauguró seis años después, el 14 de septiembre de 1974. Las líneas de metro de São Paulo tienen una longitud de 60,2 km y se distribuyen en cinco líneas: línea 1 (azul), línea 2 (verde), línea 3 (roja), línea 4 (amarilla) y línea 5 (lila) además de la línea 15 (plateada) que corresponde al monorraíl. El sistema de metro de São Paulo, cuyo sistema completo está integrado con la Companhia Paulista de Trens Metropolitanos, CPTM, transporta diariamente a 2,6 millones de pasajeros.

Parafraseando a Chico Science: *"A cidade não para, a cidade só cresce"* ("La acidad no se detiene, la ciudad simplemente crece"), São Paulo comenzó a encontrar problemas relacionados con el transporte público. Las carretas y carruajes de bueyes existentes a mediados del siglo XIX no cubrieron la demanda y fueron vistos como un retroceso para la modernización de la ciudad. En 1867 llegó a la ciudad el ferrocarril, considerado uno de los sistemas más modernos y conectaba la ciudad con otros, además de conectar el centro con otras regiones. En 1872, el tranvía se inauguró en la capital y ayudó a que la ciudad se expandiera conectando rápidamente, por el momento, el centro y los barrios más distantes.

Incluso con las mejoras que trajo el tranvía, la demanda no fue satisfecha del todo y las discusiones sobre la implementación del metro en la ciudad cobraron fuerza en 1888. El ingeniero Alberto Kuhlmann, de origen alemán, tenía una concesión con un plazo de cincuenta años para acometer una línea ferrocarril elevado, pero como no se cumpliría el plazo se canceló el contrato, en lugar de este proyecto se construyó el Viaduto do Chá. La idea de Kuhlmann era unir a Largos do Rosário y Paiçandu. Varios otros proyectos fueron presentados e incluso intentaron ser implementados en los años siguientes, pero fue recién el 26 de diciembre de 1966 que se permitió la concepción de la Companhia do Metropolitano de São Paulo y un año después inició estudios geológicos y sociales, por lo que en 1968 comienza la construcción.

El viaje pionero se realizó en 1972, conectando la estación Jabaquara con la estación Saúde, pero la operación comercial se inició el 14 de septiembre de 1974. Un año después, se completó el proyecto de la línea Norte - Sur, que conectaba la estación Jabaquara con la estación Santana y que hoy se llama Línea 1 (azul).

Y es en la línea 1 del metro de São Paulo donde se ubica la estación São Bento, la décima en dirección Tucuruvi - Jabaquara. Inaugurado el 26 de septiembre de 1975, tiene un flujo de aproximadamente 73 mil pasajeros, según datos del metro, y tiene una capacidad para 40.000 pasajeros / hora. Como característica la estación cuenta con un área amplia y espacios abiertos, entrepiso de integración y plataformas superpuestas en los laterales, con un contorno amurallado, además de las características escaleras que dan acceso a los anchos y debajo de los andenes de embarque, el acabado en hormigón visto y piso mármol liso, que invita a bailar. El acceso principal se integra con la plaza a nivel de acera.

El Largo da São Bento se convirtió en un punto de encuentro de muchas culturas que se reunían principalmente los sábados, para intercambiar información, como fue el caso de los *punks*[35] y más tarde los bboys que iniciaron la cultura Hip Hop en Brasil. En el pico del *breaking* en la Estación São Bento, varias personas vinieron de diferentes rincones de la ciudad de São Paulo, y de otros estados de Brasil, para conocer la fiebre que se apoderó de los jóvenes en los años 80.

El Hip Hop estaba en sus inicios en Brasil, la mayoría de los fanáticos no sabían cuál era el movimiento porque todo era muy nuevo y el acceso a la información era escaso, pero se sentían muy bien de estar insertados en ese medio. La Estación São Bento, como punto de encuentro de la cultura, y porque reunió a pioneros, fue fundamental para el desarrollo del Hip Hop, además del quiebre mencionado, fue allí donde los primeros b.boy's comenzaron a apoderarse de los micrófonos y a hacer las primeras rimas. Los DJs intercambiaron ideas sobre vinilos y cintas K7 y los artistas de graffiti pudieron tener una

---

[35] Los punks son adeptos del movimiento homónimo, y de la contracultura, que en la estética y la música enfrentan formas de autoritarismo.

visión más amplia a través de fotografías y recortes de periódicos y revistas sobre el graffiti en el mundo.

Abajo se muestra un registro de la temporada con Estação São Bento tomado por seguidores de la cultura Hip Hop, en un sábado de rutina:

FIG.10. Hip Hop en la Estación São Bento, em los 80.

O PONTO DE ENCONTRO DA CULTURA

"Quem não dançou quem não grafitou
Quem não riscou quem não rimou
quem não sacou não se salvou
Vacilou e nunca se abençoou [...]
[...] Uma vez ali na São Bento e pronto
pra correr já era tarde
percorrendo ruas, murros, carros, rádios
Eu fui sequestrado no bailê".

É Hip Hop – Filosofia de Rua

Antes de recibir a los fanáticos de la cultura Hip Hop, São Bento acogió a los *punks* de São Paulo que se reunieron en la plaza São Bento para intercambiar información relacionada con la cultura punk, como la música y la estética, similar a lo que sucedió en los alrededores de São Paulo en Viaduto do Chá, con la juventud negra. Este hecho refuerza la importancia de la Estación São Bento como punto de encuentro de la cultura juvenil y periférica de los años ochenta.

Con la dispersión de los *b.boys* en la Rua 24 de Maio y con la retirada, aunque temporal, de Nelson Triunfo del baile, la búsqueda de un lugar adecuado para el breaking se convirtió en una saga. El Hip Hop llegó a la estación de metro de São Bento a través de dos hermanos, Luiz Carlos Martins, pero conocido en las calles como Luisinho, y João Break, quien comenzó en el descanso en el patio de una iglesia católica en el barrio Bom Retiro, pero pronto fueron advertidos por el cura que no había lugar para bailar, luego encontraron la estación de metro Tirantes, junto a los *b.boys* Wilson, Hélio y Paulo Cabecção, donde formaban la *crew* Dynamics Bronx, pronto empezaron a aparecer otras pandillas por allí, y el lugar se llenó de fanáticos de la cultura, pero la Estación Tiradentes, como punto de breaking duró muy poco tiempo, ya que el lugar no era apto para el creciente número de personas, tanto bailarines como usuarios del metro que se relacionaban , que llamó la atención del personal del metro y puso a correr a los *b.boys*.

Continuó la saga por un lugar propicio para la práctica de la danza, y en un sábado planificado, los *b.boys* de Dynamics Bronx recorrieron el centro de São Paulo detrás de un lugar que inspiró el arte del *breaking*, hasta que sus ojos brillaron con Largo São Bento, que da acceso a los andenes del metro. El hecho de que el lugar sea público y que estén experimentando problemas recientes con los empleados de la estación, hizo que el grupo reflexionara sobre si realmente valió la pena "instalarse" allí. Kika Maida, la primera *b.girl* en São Paulo, en una entrevista exclusiva para este libro, reveló que estuvo presente en el momento del descubrimiento de São Bento, y que incluso opinó sobre el espacio encontrado:

> *"Vi a unos chicos bailando en el metro Tiradentes, eran como diez y me enamoré del break, me hice amigo de ellos y decidimos buscar un lugar para ensayar, João Break propuso ir a São Bento y fuimos, nos gustó el lugar y nos quedamos allí solo durante mucho tiempo, ¡así que surgió el punto más famoso del Hip Hop! Me pareció un lugar hermoso y todavía con lugares en los que también podíamos quedarnos cuando llovía, no demasiado concurrido y grande. ¡Pensé que era demasiado!"*

Sin embargo, motivados por la forma en que Nelson Triunfo enfrentó las barreras impuestas el 24 de mayo, principalmente con comerciantes y policías, Luisinho y João Break decidieron quedarse y enfrentar posibles desgracias, de la misma manera que enfrentó Nelsão.

Sin embargo, São Bento ya tenía sus habituales, los punks, que en su mayoría procedían de barrios periféricos de la capital paulista, o de ciudades aledañas como Santo André, São Caetano, São Bernardo y Diadema. A medida que crecía el *breaking* en São Bento, atrayendo cada vez más adeptos, los punks estaban molestos por la "invasión" del lugar, a pesar de que los jóvenes de ambas tribus provenían de la misma clase social, eran de diferentes culturas, que causó extrañeza al principio. Pero el liderazgo que faltaba en las calles, con la destitución de Nelson Triunfo, apareció en la persona de João Break quien, al darse cuenta del miedo de los punks, fue a intercambiar ideas con ellos, y les explicó que la multitud allí solo quería bailar y no era la intención de arreglar confusión, así *punks* y *b.boys* convivieron pacíficamente en São

Bento durante un tiempo. Con el tiempo, a medida que aumentaron los b.boys, los *punks* abandonaron el lugar, hasta que São Bento fue completamente absorbido por los fanáticos de la cultura Hip Hop.

Entonces, la estación de São Bento, más precisamente Largo da São Bento, se convirtió no solo en el punto de *breaking* en São Paulo, sino también en un punto de encuentro para intercambiar información y fomentar la cultura, la gente traía recortes de revistas, fotos de *graffiti*, videos de bailes y siempre algunos pasos nuevos. Eduardo, del equipo Gueto Style, en una entrevista para el documental "Nos Tempos da São Bento", habla de esto:

> *"La gente iba a intercambiar información, intercambiar ideas, intercambiar formación, entonces sabíamos cosas que la gente no sabía, ¿vale? ¿Porque? Porque había un punto, era una idea puntual, un punto para los bailarines. Para llegar a São Bento, tenías que llegar y saludar a todos, sin importar si lo sabías o no. Entonces este hábito, esta costumbre, esta, digamos, esta contraseña, la aprendí en São Bento, para llegar y saludar a todos".*

Los hermanos del *graffiti*, Os Gêmeos, también en testimonio de "Nos Tempos da São Bento", hablaron sobre la importancia del punto como "escuela" de hip hop:

> *Os Gêmeos - En realidad, aprendimos, todo lo que sabemos sobre la cultura Hip Hop hasta hoy, las primeras clases, las primeras cosas que aprendimos estaban ahí. Había un chico de la Zona Norte con información que un chico de la Zona Sur no tenía, trajo otro y todos intercambiaron información. A principios de los 80, cuando la cultura llegó aquí, era muy de barrio, entonces hicimos la cultura Hip Hop en Cambuci junto con otros chicos, había gente que lo hacía en la Zona Norte, en la Zona Sur y São Bento. era un lugar al que venían todos de diferentes áreas de São Paulo, y allí realmente me pilló el bicho, había clases, recuerdo, Street Warriors, Back Spin, Zulu Nation, Crazy Crew".*

São Bento se convirtió en el gran punto del Hip Hop en Brasil, mucha gente viajó desde otros estados para conocer el lugar, sin saber si era un barrio o una plaza, se aventuraron a conocer el punto. Los raperos estadounidenses, que llegaron a Brasil traídos por los grandes equipos de baile, también querían conocer São Bento, porque querían saber dónde había Hip Hop en Brasil.

El *b.boy* Roger, de la *crew* Jabaquara Breaker's, asiduo visitante de la estación São Bento, desde sus inicios, en la década de los 80, en una entrevista exclusiva para este libro recordó el intercambio de cintas con la intención de promover la propagación de la cultura allí en el metro, y también reveló lo que fue más popular y puso la cabeza de los bailarines en el point:

> *"Allí los b.boys escucharon mucho Afrika Bambaataa, sin duda, varias veces y en distintas versiones de la misma canción. También se jugaron muchos otros, pero Bambaataa fue el campeón. Ocurrió nosotros, de Jabaquara Breaker's, siempre llevábamos nuestro Boombox con nuestras cintas de casete, fuimos los primeros en llegar y los últimos en irnos, todos ya estaban acostumbrados y se llevaron algunos casetes para rodar también".*

La estación también fue escenario del largometraje "Lucy Puma - A Gata da Pesada", una película para televisión realizada en 1987 y proyectada por TV Cultura (Fundação Padre Anchieta). En esta obra idealizada por Ninho Moraes y Skowa (de Skowa e a Mafia), pretendía mostrar la vida de tres jóvenes negros de la periferia que soñaban con vivir su arte en la música. La trama se riega de humor al enfrentarse al drama de los personajes Lucy, Skowa y Gigante (interpretados por Lucy Guedes, Skowa y Gigante Brasil), quienes sufren prejuicios, se meten en líos, pierden sus trabajos, hacen amigos y no dejan de soñar y para creer, como telón de fondo, la película retrata la transición del movimiento black brasileño al Hip Hop, incluyendo apariciones especiales de las crew Back Spin y Nação Zulu, quienes parten para una disputa de breaking en medio de la Estación São Bento llena de gente, en una escena icónica de Thaide siendo "propulsor" de un helicóptero imaginario, ¡girando sobre la cabeza de un compañero que estaba de pie! Y hablando del rapero, Thaide da una degustación de *hit* que grabaría años después, la canción "Minha Mina", mientras que las imágenes muestran a la *b.girl* Kika Maida, en ese momento su novia.

Y no podía ser diferente, que el primer disco de vinilo de Hip Hop en Brasil nació en la Estación de São Bento, un lugar que abarrotó Hip Hop, acompañó sus primeros pasos, primeras rimas, y conectó a muchas personas que tenían objetivos y sentimientos comunes. Estas historias serán más detalladas más adelante, primero recordemos de los primeros de la cultura en Brasil.

LOS PIONEIROS

"Tamo junto!
No baile caça assunto, mas não sai do lugar
Quem pode avaliar minha pessoa
não precisa disso
Esse é o inicio de uma nova dinastia
de MC's DJ's e grafiteiros
o B.boy eu vi primeiro
dançando no papelão, escorregando no chão"

O Círculo – Parteum

Cuando hablamos de los pioneiros[36] del Hip Hop brasileño, fácilmente caemos en una controversia. Los pioneros (incluso en plural), no hay duda de que siempre aparecerán nombres como Thaide y DJ Hum, MC Jack, DJ Ninja, Pepeu, Nelson Triunfo, Região Abissal o Ndee Naldinho.

Una de las controversias entre los investigadores nacionales de rap es acerca de cuál fue el primer rap registrado en territorio brasileño. Varios nombres aparecen como pioneros del género en Brasil, entre ellos el nombre de Jair Rodrigues[37], con la canción "Deixa Isso Pra La" del año 1964, lanzada en el álbum Vou de Samba Com Você, tal atribución es dada por el flow utilizado en la música es similar a la Levada del rap contemporáneo. El que notó la similitud fue Hebert

---

[36] Pioneiro definido por Google como: alguien que sigue adelante, anuncia algo nuevo o anticipa a alguien o algo; precursor.
[37] Jair Rodrigues nacido el 6 de febrero de 1939 en Igarapava-SP. Fallecido el 8 de mayo de 2014 en Cotia-SP.

Vianna, líder de Paralamas do Sucesso, como lo cuenta el propio Jair Rodrigues en una entrevista para la revista *Rollingstone*[38], de Brasil, publicada el 8 de mayo de 2014:

> *"Cuando fui al Festival de Montreux en Suiza, Herbert Vianna también estaba allí, con Paralamas do Sucesso. Y él me dio esta información, que sería el padre del rap. Le dije: 'Soy el padre de Jairzinho, Luciana, ¿qué demonios quieres arreglar para mí, muchacho? "[Risas] Él dijo: 'En realidad, está surgiendo un ritmo, y tú eres el primer escritor de esa cosa".*

Thaide analiza sobre el nombre de Jair Rodrigues apareciendo como el pionero del rap en Brasil, y también evalúa otro nombre, el de Gerson King Combo[39], también considerado un pionero del *rap*, con la canción "Mandamentos Black", de 1977:

> *"Jair Rodrigues hizo algo que en el futuro se conoció como rap. No tenía idea de dónde iba esto, pero no tenía la intención de que fuera rap. El Gerson King Combo, a su vez, ya en 1978, grabó un álbum con un efecto de rap. Pero alguien que hizo un trabajo con la intención de ser rap fue Miele. De hecho, el repente es el verdadero rap brasileño. Si nos hubiéramos unido al ritmo electrónico y repente, habríamos creado nuestro propio rap brasileño".*

Sin embargo, el género musical que utilizó Gerson King Combo fue funky, de James Brown, y al igual que Jair Rodrigues, su música era similar al rap contemporáneo, pero no fue construida con la intención de ser un rap. Miele, citado por Thaide, es Luís Carlos d'Ugo Miele[40], quien en 1980 usó la base de la canción "Rapper's Delight" del grupo *Sugarhill Gang*[41] y creó "O Melô do Tagarela", siendo este el primer rap grabado en Brasil. Un extracto de la canción:

---

[38] Versión brasileña de la revista estadounidense, publicada en Brasil desde octubre de 2006.

[39] Gerson King Combo, apodo de Gérson Rodrigues Côrtes, cantante y bailarín de soul y funk, nacido el 30 de noviembre de 1943 en la ciudad de Río de Janeiro.

[40] Foi um escritor, ator, produtor, apresentador, diretor de TV, teatro, cinema, espetáculos e humorista. Nasceu em 31 de maio de 1938 em São Paulo, e faleceu em 14 de outubro de 2015 no Rio de Janeiro.

[41] Sugarhil grupo estadunidense que emplacou o gênero rap como música preferencial nos guetos, principalmente com o sucesso "Rapper's Delight".

Melô do Tagarela

"É sim, de morrer de rir
Quando a gente leva a sério
o que se passa por aqui
Saio com a menina
Está tão cara a gasolina
Levo um tiro na esquina
É sim, de morrer de rir
Quando a gente leva a sério
o que se passa por aqui
No supermercado, a oferta da semana
Tudo a preço de banana
O anúncio é um colosso
Vou comprar alguma coisa
Tô vidrado no almoço"

La música es de una época en que el término "rap" era desconocido, casi inexistente. En Brasil, el género se hizo conocido como "tagarela", precisamente por la música de Miele, por lo que los tagarelas golpeaban en botes de basura y cantaban um "funky hablado" para expresarse igual que el toasting hacian en la Jamaica, en las últimas décadas.

Así que varios artistas de *funk*[42] grabaron música experimentando con nuevas tendencias y a menudo se confundieron con los artistas de Hip Hop, como en el caso del grupo Black Juniors, principalmente con su LP de 1984 "Break", muchos dicen que la canción "Mais Que Linda Está" también es un rap, así como todo el álbum idealizado por el grupo, pero todavía hay muchos elementos de funk en el álbum, pero no es un álbum de hip hop puro, porque ni como MC's los miembros del grupo se definieron a sí mismos.

Pepeu es un nombre que surge cuando se es preguntado sobre el pionerismo, y su flow tuvo mucho éxito en la fase inicial, pero su primer disco The Culture of Rap, salió solo en 1989. Otros trabajos como Original Villa Box, Bufallo Girls y Electro Boogie , a veces se confunden como discos de rap, pero en realidad son discos de música electrónica, mezclados con *funky* y rimas en portugués, en un embrión

---

[42] The Original Funk, no confundir con funk de Rio de Janeiro, *miami bass.*

de lo que se convertiría en rap, pero sin el compromiso de ser un disco de Hip Hop, ya que se insertaron en otras culturas, que tal vez incluso sean similares, pero aún no era algo idealizado en la línea que definió Bambaataa.

Lo que nos lleva a otra controversia, ¿cuál es el primer disco de rap registrado en Brasil? Muchos defienden "Hip Hop Cultura de Rua", otros dicen que fue "O Som das Ruas", ambos de 1988, todavía hay quienes dicen que fue la colección "Consciência Black - Vol 1" de 1989, además del clásico Hip Rap Hop, del grupo Região Abissal, o Ousadia Rap del equipo de sonido de Kaskata's, desde 1987, un año antes que los demás. Hay teorías que defienden el álbum "Estação Primeira" del grupo Gueto y otros Fausto Fawcett con "Robôs Efêmeros".

En primer lugar, echemos un vistazo a los registros de 1987, que preceden cronológicamente Hip Hop Cultura de Rua. El álbum de Fausto Fawcett e os Robôs Efêmeros no es un álbum de Hip Hop, sino un álbum de punk rock con una mezcla de funk, a pesar de tener una canción llamada "O Rap D'Anne Stark", el álbum es recordado por la canción "Katia Flávia" que trae un canto hablado y scratch, pero su acercamiento al rap allí. El álbum del grupo Gueto, "Estação Primeira", no fue un álbum de Hip Hop, sino un híbrido musical de *rap*, *funk*, *rock*, *samba*, *soul* y otras influencias de la *black music*.

El más controvertido de los álbumes, en relación con el alcance del espíritu pionero, es el del equipo de Kaskata, Ousadia Rap, que contó con "Hey DJ", del rapero De Repent, que pertenecía al grupo Funk & Cia; "Musicar", del grupo Eletro Rock; y "Cerveja', de Mister Théo. MC Jack, participante en la colección Hip Hop Cultura de Rua, expresó su opinión sobre Ousadia Rap siendo considerado el primer álbum de rap: *"No creo que fuera, no representaba el movimiento en absoluto y no era solo rap"*. Además, la música de Mister Théo se basó en la canción "Go See the Doctor", del rapero estadounidense Kool Moe Dee, que, incluso en ese momento, se consideraba una falta de "atrevimento" para el rap, porque no tuvo la creación, la elaboración de una base, pero la usurpación de una base extranjera.

Entonces llegamos a otra controversia sobre los registros de 1988, sobre qué colección fue la más arraigada. Vale la pena destacar que Hip Hop Cultura de Rua fue lanzado el 2 de noviembre de 1988. El 7 de diciembre, fue el turno de la colección O Som das Ruas, con un espectáculo en Dama Xoc[43], pero antes de eso el LP ya había estaba en las calles, vendiendo más de 20 mil copias, en tres semanas, antes del lanzamiento oficial, como se afirma en el artículo del periódico Folha de São Paulo "*O Som 'black' invade amanhã a zona sul*". Volviendo a O Som das Ruas, en esta colección se estrenó Os Metralhas, con "Rap da Abolição" y Ndee Naldinho, en el momento conocido como "Ndee Rap", con el éxito "Melô da Lagartixa", y en el año siguiente al lanzamiento de este álbum, apareció otra colección, "Consciência Black", protagonizada por Racionais MC's, con "Pânico na Zona Sul" y "Tempos Difíceis".

Mientras Hip Hop Cultura de Rua fue producido por el sello Eldorado y con productores vinculados a la escena de la música rock, como Nasí y André Jung, de la banda Ira!, O Som das Ruas fue producido por un equipo de baile gigante, En Chic Show, estas sutiles diferencias hicieron que los artistas de ambas colecciones cuestionaran el trabajo realizado por el otro equipo, se plantearon preguntas sobre la originalidad y sobre quién, de hecho, representaba el rap auténtico y las voces de las calles.

La discusión comenzó en una entrevista en la revista Bizz, donde los artistas vinculados a la colección Hip Hop Cultura de Rua habrían declarado que los DJ y MC del álbum O Som das Ruas aún permanecían en la temporada de los clones y versiones de rap de los Estados Unidos.

---

[43] Casa de conciertos en Pinheiros, al oeste de São Paulo.

Este comentario fue tomado como represalia en un artículo publicado el 6 de diciembre de 1988 en Folha Ilustrada, del periódico Folha de São Paulo, escrito por el periodista André Forastieri, donde Luiz Alberto, conicido como Luizão, propietario y productor de Chic Show, piensa sobre las dos colecciones en la época:

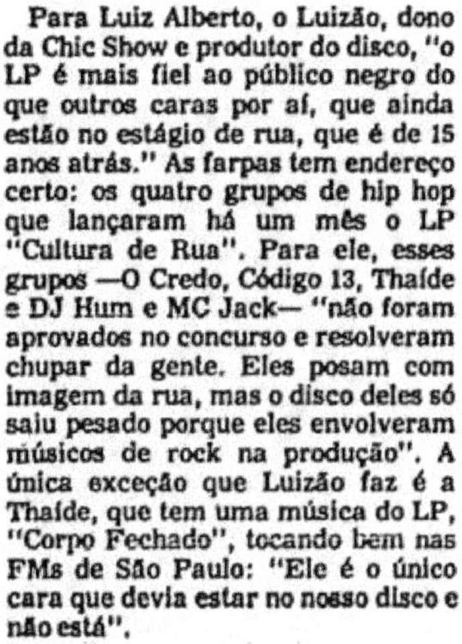

FIG.11. Recorte de cuaderno Ilustrado (E-1) del periódico A Folha de São Paulo de 6 de diciembre de 1988.

Para Luiz Alberto, o Luizão, dono da Chic Show e produtor do disco, "o LP é mais fiel ao público negro do que outros caras por aí, que ainda estão no estágio de rua, que é de 15 anos atrás." As farpas tem endereço certo: os quatro grupos de hip hop que lançaram há um mês o LP "Cultura de Rua". Para ele, esses grupos —O Credo, Código 13, Thaíde e DJ Hum e MC Jack— "não foram aprovados no concurso e resolveram chupar da gente. Eles posam com imagem da rua, mas o disco deles só saiu pesado porque eles envolveram músicos de rock na produção". A única exceção que Luizão faz é a Thaíde, que tem uma música do LP, "Corpo Fechado", tocando bem nas FMs de São Paulo: "Ele é o único cara que devia estar no nosso disco e não está".

También hay un testimonio de uno de los miembros de la colección "Som das Ruas", Dom Billy, vocalista del grupo De Repent:

> *"No hay nada en común entre nuestro disco y Cultura de Rua. Fue producido por personas que tratan con música genuinamente negra. Ya han pasado las calles. Están en el escenario de artistas y no pierden ante grupos estadounidenses. Todo es cuestión de tiempo".*

Poniendo fin a la discusión, los involucrados en la compilación Hip Hop Cultura de Rua respondieron con el truco de las pandillas de breaking: *"La gente en Som das Ruas está equivocada. Ese nombre es falso. Somos los de las calles"*. MC Jack incluso declaró en una entrevista para Folha de São Paulo: *"Luizão debe ser blanco por dentro"*, cuando dijo que el miembro de Chic Show estaba quemando el movimiento negro con sus declaraciones. MC Who? del grupo O Credo, concluye con una declaración para la misma entrevista: "Su visión es el marketing, desde la música hasta el baile, todo es una mierda compuesta solo de *"portadas"*, parece más un *karaokê"*

En el documental, "Nos Tempos da São Bento", estas confusiones y malentendidos que tuvieron lugar en la década de 1980, cuando las colecciones Hip Hop Cultura de Rua y o Som das Ruas fueron grabadas y lanzadas, fueron abordadas por varios *b.boys*. Como *b.girl* Ani Nitro explica para el documental:

"Era más calle, esta es la esencia del hip hop, especialmente del breaking, de donde venimos, de la calle, de la pandilla, de los problemas, esta ranciedad creo que es natural, de nuestra esencia, de b.boy".

El *b.boy* Frank Ejara, del equipo Discípulos del Ritmo, también para el documental "Nos Tempos da São Bento", completa la idea de cómo eran los desacuerdos en ese momento:

"Nosotros podemos decir que era un mundo maravilloso, hubo muchas intrigas, peleas por nada. Tal vez éramos muy inmaduros, todos eran muy jóvenes, yo tenía 18 años, pero había un niño allí cuando tenía 14, 15 o 16 años, la generación de São Bento que llegué fue esta, no fue hasta los 25 años como máximo, las personas que asistieron allí, tal vez por esa inmadurez, peleamos mucho, nosotros discutimos por nada, por la cinta, por la imagen, por el recorte de periódicos, quién lo hizo bien, quién lo hizo mal, hubo mucha separación".

Volviendo al tema de los pioneros, Miele fue el primer chico en Brasil en grabar un rap y con la intención de que fuera un rap, después de él, muchos chicos de la escena, y fuera de él también, como vimos (banda Gueto y Fausto Fawcett), grabaron canciones de rap, como Pepeu en "Melô do Bastião", de 1986. Cuando se trata de discos, el primero en dedicarse por completo a la cultura Hip Hop, fue precisamente Hip Hop Cultura de Rua, después de eso vino O Som das Ruas y Consciência Black, y también el álbum Hip Rap Hop del grupo Região Abissal[44].

Sin embargo, este último merece especial atención, ya que es el primer disco de rap grabado por un solo grupo. Se suponía que Hip Hop Cultura de Rua era un álbum del grupo O Credo, pero por falta de la cantidad de canciones para cerrar el LP, el álbum se convirtió en una compilación. Así que el álbum Hip Rap Hop es el pionero del rap nacional que será grabado por un solo grupo. El álbum fue lanzado por el sello Continental, con bases producidas en batería electrónica por el propio Região Abissal, y es un álbum variado, ya que aporta la simplicidad y el buen humor de los raps de la época como en las pistas

---

[44] Região Abissal, grupo del barrio Bela Vista (Bexiga) en ciudad de São Paulo.

"Alô, Papai" y "Litoral" pero también trae el ambiente tenso y la seriedad de los temas políticos de rap de los 90, como "Sistemão" y "Qui Zica".

Hablando de los pioneros, no puedo evitar hablar de J.R. Blaw, para quienes vivieron el nacimiento del hip hop en São Paulo es considerado el primer rapero brasileño. Miele grabó el primer rap, pero no fue un rapero, no fue un MC, solo un actor experimentando en forma de parodia con la intención de hacer un rap. Flavio Paiva Junior, el nombre cristiano de Blaw, murió en 1990, cuando fue atropellado, como recuerda Thaide en el libro "Thaide 30 Anos Mandando a Letra", el rapero también recuerda el espíritu pionero de JR en el testimonio que dio para el documental. "Nos Tempos da São Bento":

"J.R Blaw es quien compartió conmigo el plan de rap en São Bento, tengo el privilegio de decir que comenzamos el desfile de rap allí en São Bento, no estoy hablando de Brasil".

Otro rapero que recuerda con cariño a Blaw es Mano Brown, de Racionais MC, también para el documental "Nos Tempos da São Bento", mientras se prepara para ver un partido de la equipo Santos en el estadio:

"Era un hombre negro de Vila Madalena, ¿puedes creerlo? Era una pieza rara, negro 'G-5', era palmeirense, era radical, era un defensor del rap crudo, raíz, puro, sin mezcla".

Otro relato importante sobre el espíritu pionero de J.R. Blaw proviene de Marcelinho, b.boy de Back Spin Crew, quien vivió el nacimiento del hip hop en São Paulo y dice:

"Incluso puedes decirme que el primero fue esto, o otro. Para mí, él fue el primero, no vi a nadie rapear antes que él. JR Blaw, nunca vi a nadie rapear antes que él, especialmente em freestyle, si había alguien, perdón por mi ignorancia, pero no lo vi, en la calle no lo vi, y eso fue en 85, 86, luego Thaide apareció haciendo algo, Pepeu mostró algo grabado en rádio Bandeirantes, creo que fue el primero en grabar algo así , El rap de Bastião, pero en la calle, haciéndolo de improviso fue JR Blaw".

Para concluir este capítulo, es importante destacar otra discusión sobre el hip hop nacional y sus primeros pasos, ¿en qué estado nació el hip hop en Brasil? Al investigar sobre el tema, nos transportan, como si fuera automáticamente, a la ciudad de São Paulo, a la Rua 24 de Maio y a la estación de São Bento, pero Genival Oliveira Gonçalves, el G.O.G[45] afirma que en Brasilia ya había un movimiento de danza break con sonido de DJ en los años 80, y que solo se enteraron de la existencia del hip hop en São Paulo a fines de los 80 cuando escucharon "Corpo Fechado" de Thaide y DJ Hum en la radio. G.O.G cuenta esta historia en el documental "Nos Tempos da São Bento":

> *"Soy de Brasilia, y es muy interesante porque hubo un movimento. Ya en paralelo en Brasilia, incluso antes de conocer a São Paulo, esto es nuevo, mucha gente dice que el movimiento hip hop nació en São Paulo, ¡no es cierto! El movimiento hip hop ha aparecido en todo Brasil, ¡esto es loko! Entonces, por primera vez cuando supimos de São Bento, fue a través de Thaide & DJ Hum cuando fueron a Brasilia en 1989, y el movimiento hip hop se formó por completo".*

Del mismo modo, el hip hop apareció en otros estados, como Minas Gerais, Pernambuco o Rio Grande do Sul, al instante y al mismo tiempo, gracias a los comerciales de televisión que navegaban por el hype de break, todos los jóvenes de la periferia soñaban en ser Michael Jackson. No podemos decir que el hip hop nació en la capital de São Paulo, aquí en Brasil, pero São Paulo fue una gran cuna que llenó esta cultura y le dio más visibilidad al estilo, incluso cuando los primeros artistas alcanzaron el éxodo nacional, como explicó GOG sobre el sonido de Thaide y D Hum, que golpearon fuertemente a la capital federal.

El rapero P.MC[46], apodado José Paulo, quien comenzó su carrera en el Hip Hop a la edad de 19 años, en 1985, sucedió en la acera de la calle Halfeld, en la ciudad de Juiz de Fora, en Minas Gerais. P.MC

---

[45] Batizado pela periferia de O Poeta, um dos principais rappers do Brasil, atuando principalmente em Brasília, responsável por lançar grandes nomes do Rap Br.

[46] Rapero de Minas Gerais con los proyectos Poetas de Rua, Jigaboo, PMC & DJ Deco, Pé de Palavra, y Jigarutz.

es uno de los pioneros del movimiento en su estado, y esto muestra cómo el Hip Hop coexistió en territorio brasileño, tomando tanto tiempo para que los estados conozcan la existencia del movimiento en otros lugares.

Conociendo un poco más sobre la historia del Hip Hop en São Paulo y, en consecuencia, en Brasil, y pasando por un lugar muy importante para el género, que és la estación de metro de São Bento, diseñamos una línea de razonamiento para comprender a los pioneros del hip hop, contextualizamos el momento, el momento en que pertenece el disco Hip Hop Cultura de Rua, por ahora explicamos mejor sobre esto que fue sin duda un hito para la cultura de la periferia de Brasil.

III

EL DISCO HIP HOP CULTURA DE RUA[47]

"Eu tenho algo a dizer
E explicar pra você
Mas não garanto porém
Que engraçado eu serei dessa vez
Para os manos daqui
Para os manos de lá
Se você se considera um negro
Pra negro será, MANO!"

Voz Ativa – Racionais MC's

El álbum Hip Hop Cultura de Rua, lanzado en vinilo, es el primer LP de Hip Hop completamente producido en el Brasil, lanzado en 1988, es una colección de rap nacional, y contó con la contribución de los artistas Thaide & DJ Hum, Código 13, MC Jack y O Credo, que traen 27 minutos y 34 segundos de rap raíz. El proyecto nació con el grupo O Credo, que había recebido una invitación del

---

[47] LP publicado el 2 de noviembre de 1988, no es la versión en CD ni el volumen 02.

sello Eldorado para grabar su propio LP, MC Whoo?[48] comentó en una entrevista para el programa "TV Nas Ruas", durante el lanzamiento del libro "Hip Hop Cultura de Rua Eixo 1" en que él fue autor en sociedad con Kaseone, que el grupo O Credo, no se pudo cerrar el disco solo porque DJ Uzi no estaba presente en Brasil, en ese momento estaba en Francia (por esta razón el no está en las fotos de portada del álbum). De ese modo, para no abandonar el proyecto, extendieron la invitación a otros grupos que frecuentaban la estación de São Bento, naciendo así la colección.

Thaide recuerda, en el libro "Pregunte a Quem Conhece: Thaide ", escrito por César Alves, al enterarse del proyecto:

> *"Rôo (Ruberval) llegó (a São Bento) emocionado y habló así: 'Oh, hay una propuesta de una compañía discográfica para hacer un disco de rap'. Luego dijimos: 'Rap, ¿qué quieres decir?' Por qué hasta entonces, no teníamos registros nacionales de rap. Tuvieron algunas compilaciones que a veces incluían uno u otro grupo, pero ninguno específico del rap nacional".*

Como se informa en el capítulo sobre los pioneros, hubo algunas compilaciones que salieron antes del disco Hip Hop Cultura de Rua, como "Ousadia Rap" del equipo de baile de Kaskata's, pero no era un disco de *rap* completo, sino un disco que contenía *raps* junto con otros estilos de música negra, como *electro* y *funky*, lo que refuerza la afirmación de Thaide.

En el mismo libro (Pergunte a quem conhece: Thaide, de César Alves) el rapero aún recuerda los hechos que sucedieron luego de recibir la invitación para participar en el proyecto:

> *"Rôo continuó: 'La compañía discográfica es Eldorado. Están buscando hacer un disco solo de rap y me pidieron que reclutara a las personas que van a estar en el disco. Me dio la idea de que el disco se hizo con la gente de São Bento y a la gente del sello le encantó, porque aquí es donde están los mejores'. Rôo siempre estuvo allí en São Bento, era alguien en quien confiamos. Además, fue integrante del grupo O Credo, uno de los primeros artistas de rap nacional, que también participaría en la colección. Todos decían: 'Eres un chico que*

---

[48] Nombre artístico de Ruberval Marcelo Oliveira, MC del grupo O Credo.

conocemos. Entonces podemos confiar en ti. Vamos a hablar con ellos y, si la oferta es seria, haremos el disco". Fuimos al estudio de Eldorado, hicimos una reunión y confirmamos que el asunto era bueno".

En el libro Hip Hop Cultura de Rua Eixo 1, de Ruberval y Kaseone, el MC Whoo recuerda:

"Desde el teléfono público llega la respuesta, ir a la dirección: Viaducto Mayor Quedinho 6° piso de la sede de la grabadora, García los estaba esperando. La respuesta fue positiva. Salimos de Eldorado para celebrar y planificar la producción".

Además de Ruberval, quienes también lideraron el proyecto, estuvieron Gilson Fernandes de Souza, técnico de grabación, y Vagner García, quien firmó la producción ejecutiva, ambos para el sello Eldorado.

La misión de elegir los grupos que participarían en el proyecto del álbum no fue fácil, fue algo que le quitó el sueño a Ruberval, tal y como revela el artista en su libro:

"La elección dolió. Ha sido difícil. ¿Cómo explicarle a alguien que se quedó fuera? Una cruel responsabilidad para un chico de 20 años. Definimos a los elegidos. MC Jack y DJ Ninja, Código 13, Thaide & DJ Hum y O Credo. Iban de camino a los estudios del sello discográfico Eldorado. ¿Cuál es el criterio de elección? Alguien podría preguntar. Nação Zulu – O Credo y Código 13, Back Spin - Thaide y DJ Hum, Crazy Crew - MC Jack y DJ Ninja".

Cada uno de los grupos participantes tendría dos pistas en el proyecto, por lo que como había cuatro grupos, el disco tenía ocho pistas. El lado A contenía los éxitos de cada participante, y el lado B canciones menos exploradas, como se construyó cualquier LP de esa época. Posteriormente, se relanzó el disco en formato CD, donde pasó de ocho pistas, de la versión en vinilo a 14, es decir, se incrementó en seis canciones, tres de las cuales por MC Jack y tres por Código 13.

FIG.12. Portada del LP Hip hop Cultura de Rua / FIG. 13. Contraportada del LP Hip Hop Cultura de Rua.

FIG.14. Inserto del disco Hip Hop Cultura de Rua con la letra de las canciones.

El álbum fue lanzado el 2 de noviembre de 1988, un miércoles, en la festividad que honra el Día de Muertos. Hubo un espectáculo con

todos los grupos que participan en la colección en Aeroanta[49], con entradas a Cz $ 2.000,00[50], unos R$ 37,23 hoy (30 años después), si hacemos la conversión[51]. Abajo se muestra una nota a pie de página sobre el programa de lanzamiento del álbum publicado en Folha de São Paulo, en noviembre de 1988, junto con un artículo sobre el lanzamiento de la colección:

HIP HOP   Lançamento do disco "Hip Hop Cultura de Rua", com as bandas Thaíde e DJ Hum, MC Jack e DJ Ninja, Código 13 e O Credo, e a apresentação de vídeos inéditos. No AeroAnta (r. Miguel Isasa, 404, tel. 815-3109, Pinheiros, zona oeste de São Paulo), a partir das 21h. Os ingressos custam Cz$ 2.000,00.

FIG.15. Corte de la sección Ilustrada (E-12) del diario A Folha de São Paulo del 2 de noviembre de 1988.

El mismo artículo de Folha de São Paulo, en la sección "Ilustrada", trae una nota sobre el valor del disco el día de su lanzamiento, que era Cz $ 3,500.00, que, nuevamente haciendo la conversión, estos días equivale a R$ 65,15:

HIP HOP — CULTURA DE RUA   LP que reúne O Credo, Athaíde e DJ Hum, Código 13 e MC Jack e DJ Ninja, cada grupo com duas faixas. Selo Eldorado. À venda a partir de hoje por Cz$ 3.500,00

FIG.16. Corte de la sección Ilustrada (E-12) del diario A Folha de São Paulo del 2 de noviembre de 1988.

El artículo citado fue escrito por André Forastieri, quien debutó en el periodismo precisamente en 1988, el titular era "Hoy se lanzará el primer LP de hip hop brasileño" y fue publicado en Folha Ilustrada, cuaderno E - 12, el miércoles 02 Noviembre de 1988, y dijo:

---

[49] Aeroanta sala de conciertos en el lado oeste de la ciudad de São Paulo, muy popular en los años 80.

[50] Moneda vigente en Brasil en 1988.

[51] http://www.fee.rs.gov.br/servicos/atualizacao-valores/

> *"Hoy, con fiesta en Aeroanta, se lanzará el disco "Hip Hop - Cultura de Rua", que reúne a cuatro grupos de hip hop underground de São Paulo, O Credo; Thaide & DJ Hum; MC Jack & DJ Ninja; y Código 13. LP es el primer álbum de hip hop brasileño lanzado por un sello, Eldorado.*
>
> *Los cuatro grupos se formaron a partir de pandillas callejeras que se han reunido todos los sábados en Largo São Bento (zona central de São Paulo) durante años. Veteranos del circuito 'black' de la ciudad, con actuaciones en Black Mad, Zimbabwe, Chic Show y Circuit Power, los chicos - la edad media oscila entre los 17 y los 22 años - todavía son poco conocidos fuera de los grandes bailes.*
>
> *El primero en romper esta barrera fue Thaide, quien protagonizó la primera fiesta de hip hop en la zona sur, el año pasado, en el espacio Mambembe; también fue el único en ser incluido en la programación de una gran radio, Bandeirantes FM, con la canción "Corpo Fechado". Esta situación debe cambiar rápidamente; los cuatro grupos se unen en un "movimiento para fortalecer el hip hop", según DJ Hum, y ya preparan la invasión de los medios brasileños, participando en programas de televisión como "TV Mix" (Gazeta), "Shock" (Manchete) y incluso el programa adolescente "Milk Shake", la rubia Angélica.*

El artículo también comparó grupos brasileños con estadounidenses, quienes también realizaron una gira para dar a conocer y lanzar sus álbumes. (preste atención a cómo se describe a MC Jack: el "rompecorazones" del movimiento):

> *"DJ Uzi, de OCredo, llama al grupo "la Eldorado Tour", en referencia al "DefJam Tour", que reunió a estrellas como LL Cool J y Public Enemy el año pasado en Estados Unidos. Dadas las proporciones, la referencia no es engañosa. Aunque la sofisticación de sus ídolos estadounidenses y británicos aún no ha llegado, en términos de autenticidad y experiencia de vida, los brasileños no dejan nada que desear: pobres, todavía adolescentes, todos trabajan, la mayoría como acomodadores - el caso de DJ Hum y MC Jack, el "rompecorazones" del movimiento".*

André también explicó un poco sobre el nacimiento del hip hop en Estados Unidos y contextualiza el movimiento, mostrando cuáles son sus pilares. Tenga en cuenta que aquí describe el hip hop con tres elementos, ya que unió dos elementos en uno (MC + DJ = RAP):

> *"La primera versión terminada del hip hop apareció a principios de la década de 1980, en los guetos negros de Nueva York. Desde sus inicios se caracterizó como una subcultura marginal, callejera, sustentada en tres puntos básicos, el sonido (hecho sin músicos, usando solo bases pregrabadas, batería electrónica, tocadiscos y el 'rap' del cantante), 'break dance' y graffiti, cuyas influencias llegaron a pintores de vanguardia como Kenny Scharf y Keith Haring.*
> *Recientemente, la influencia del hip hop se ha extendido más allá de los límites de la música negra, llegando al llamado 'mercado blanco' con grupos como Run-DMC y Beastie Boys enriqueciendo su textura con el 'mix' de otros estilos (reggae, heavy metal, ritmos del tercer mundo) y citas (a pistas de películas, programas de noticias, etc.)".*

Debajo del recorte de cuaderno de Folha Ilustrada, del periódico A Folha de São Paulo que traía la historia histórica de André Forastieri sobre el lanzamiento del álbum Hip Hop Cultura de Rua, el día de su lanzamiento en 1988, y al lado de la foto que ilustra el artículo del periódico, extraído del libro "Hip Hop Cultura de Rua", de Kaseone y MC Whoo?

FIG.17. Foto que ilustra un artículo del diario Folha de São Paulo, del 2 de noviembre de 1988, sobre el lanzamiento del LP Hip Hop Cultura de Rua. (Tomado del libro Hip Hop Cultura de Rua, de Kaseone y MC Whoo?

FIG.18. Corte de la sección Ilustrada (E-12) del diario A Folha de São Paulo del 2 de noviembre de 1988.

FIG.19. Corte de la sección Ilustrada (E-12) del diario A Folha de São Paulo del 2 de noviembre de 1988.

En 1990 Eldorado lanzó la versión Compact Disc del HHCR,
y debido a la tecnología mejorada del CD permitió que el álbum tuviera

seis pistas más que la versión en vinilo. Las pistas adicionales se distribuyeron entre MC Jack y Código 13, cada una con tres canciones. Jack grabó "A Minha Banana", "O Vicio" y "Cidade Maldita", mientras que Código 13 grabó "Madness", "A Menina da Casa" y "Teu Negócio é Grana". En el mismo año de 1990, Eldorado apostó por los grupos que ganaban los temas extra en la versión CD, lanzando el LP titulado "Mc Jack & Código 13 - Cidade Maldita / Loucura", que contenía precisamente los bonus tracks enumerados anteriormente, además de un versión acapella de cada artista.

FIG.20. Versón en CD del álbum Hip Hop Cultura de Rua

Doce años después, el sello Eldorado, con la esperanza de repetir el éxito del LP clásico, lanzó *Hip Hop Cultura de Rua Volumen 2* y contó con la participación de nombres como P.MC (Poetas de Rua, Jigaboo y Jigarutz) y Rappin Hood (Possemente Zulu), las pistas del disco fueron:

01. Rappin Hood - É Tudo no Meu Nome
02. O.S.A. - O Louco e a Vagabunda
03. Fishkadelic - O Pobre
04. Jazz Crew - A Mensagem
05. Suave - Vida de Artista
06. P.MC - Vem Pro Mundo Menino

07. *Apocalipse Urbano - Segunda Versão*
08. *Magno C4 - Colado na Área*
09. *Frank Ejara e DJ Som 3 (Operação Diamante) - Da Minha Janela*
10. *Vítima Fatal - O Básico*
11. *Apocalipse Urbano - A Vida Que Você Leva*
12. *Jazz Crew - É Só Chegar*
13. *Fishkadelic - O Nome do Jogo*
14. *M.T. Bronk's - Nossa Festa*

FIG.21. Portada del CD
Hip Hop Cultura de Rua vol. 2

A pesar del intento del sello, y del buen disco presentado, el volumen 2 no alcanzó el mismo prestigio que su antecesor, al no tener el mismo carisma, ni el peso histórico del disco que desvelaron Thaide & DJ Hum.

LA GRABADORA

"Sou um executivo dos sons da quebrada
fone no pescoço é a minha gravata
Jair Rodrigues, 2Pac e Biggie
Sabotage, Dina Di, o Rap vive
O sangue, o suor, a saliva e as palmas
a mente, o espirito, o corpo e alma"

Intro - Inquérito

El disco fue grabado por Estúdio Eldorado Ltda., que fue fundada en enero de 1972 en el auditorio de Radio Eldorado, en esse año Brasil tenía solo dos estudios para grabación con ocho canales, y Eldorado comenzó trabajando con equipos de 16 canales, comenzando um revolución en el mercado fonográfico del país, que hizo las principales discográficas de Brasil, en ese momento, alquilaron el estudio para producción de grandes nombres como Roberto Carlos, Caetano Veloso y Tim Maia.

En 1977, Eldorado lanzó su primer álbum: "Revendo com a flauta Os Bons Tempos do Chorinho", dando gran servicio a la música popular brasileña como con la colección "Documento Inédito" que tenía álbumes de Cartola y Adoniran Barbosa, y la serie "Inédito e Desconhecido" con álbumes de Noel Rosa y Jacob do Bandolim.

Se respetan los registros fonográficos del sello Eldorado y tener peso histórico, como "As Flores em Vida", por Nelson Cavaquinho, con la participación de Chico Buarque, Toquinho y João Bosco, o Geraldo Pereira interpretado por João Nogueira, Jackson do Pandeiro, Roberto Silva y Macalé, además de editar álbumes de Clementina de Jesus, Marilia Pera, Grande Otelo, Henricão y Paulo Vanzolin. Eldorado varió en sus estilos musicales permitiendo la voz de apoyo de Gilberto Gil, Daniela Mercury se lanzaría em carrera en solitario con el álbum "Swing da Cor", y le dio voz al rock trayendo a Raúl Seixas para grabar "Carimbador Maluco". También grabó la banda Sepultura, como una forma de invertir en heavy metal nacional, y también invirtió en rap, grabando el primer álbum de género en Brasil, que es el objeto de estudio de este libro.

El primer disco de una orquesta sinfónica brasileña también salió en el sello Eldorado, con la Orquesta Sinfónica de Campinas dirigidas por el maestro Benito Juárez. Otro trabajo de Eldorado fueron los álbumes Mensagem e Rumo, de André Luís Oliveira, quien puso 12 poemas de Fernando Pessoa a la música para interpretaciones de Caetano Veloso, Gilberto Gil, Gal Costa, Ney Matogrosso, Moraes Moreira y Elba Ramalho, solo por nombrar algunos.

El portafolio de artistas que pasaron por Eldorado es vasto, desde Rita Lee hasta Thaide y DJ Hum, desde Angra hasta Ratos de Porão, de Top Hat a MC Jack, de Hermeto Paschoal a Código 13 y el grupo O Credo.

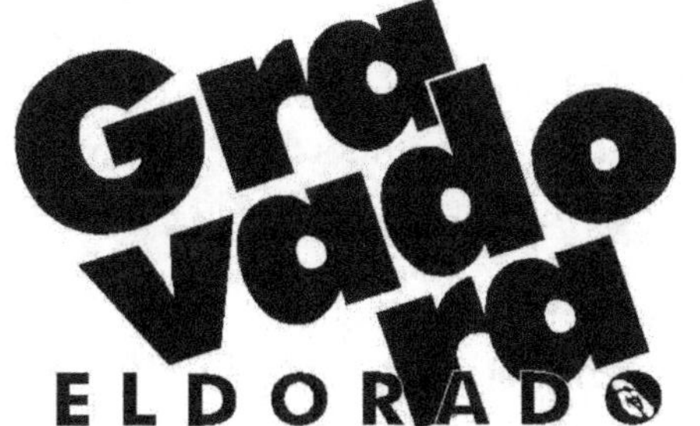

FIG.22. Logotipo de la grabadora Eldorado.

Thaide recuerda muy bien el sello discográfico Eldorado además de Hip Hop Cultura de Rua, el dúo con DJ Hum grabó dos álbumes más con el sello, "Pergunte a Quem Conhece" de 1989 y "Hip Hop Na Veia" de 1990. Pero hablando específicamente del tiempo de grabación y lanzamiento de la colección, el rapero es categórico en el testimonio del libro "Pergunte a Quem Conhece: Thaide", por César Alves:

"Grabar el disco fue el mayor éxito. Al menos para mi. Por qué era un gran estudio y tenía mucha curiosidad. Yo estaba Descubriendo un nuevo mundo que ha existido por mucho tiempo, pero para mí todavía era nuevo. Estaba dentro de un estúdio renombrado, donde varios artistas famosos habían estado antes de yo. Sabía que mucha gente que me gustaba ya había jugado ahí. Entonces me sentí orgulloso. Para mi todo era mil maravillas Pensé: 'Perra, estoy en un estudio donde vários

artistas que me gustan ya han grabado. Ancianos cuya me gusta y estoy aquí en el mismo piso'. Fue muy bueno".

LOS PRODUCTORES

"Sua rima é poça d'água, a minha é alto mar
Mental alterado, bumbo, caixa mudado
É louco, é quadrado e redondo, rouco cantando no couro
Laboratório, cubo de ensaio, invento eficaz
Mudo o funk numa mesa de oito canais"

Funk 2001 – SP Funk

En el mundo de la música, el productor musical, ahora nombrado productor ejecutivo[52] o incluso un productor de discos es responsable de grabar y reproducir el sonido de una canción para que esté lista para su lanzamiento.

Sin embargo, el nombre "productor musical" es un término genérico, ya que varias personas tienen este puesto, pero realizan diferentes tareas, por ejemplo, está el productor que crea la música, ya sea una base instrumental, como un ritmo de rap o un *riff* de guitarra para *rock n 'roll,* y todavía está el productor que decide qué canción está en el disco y se preocupa por la carrera del artista, dirigiéndolo hacia lo que cree que es mejor para su desarrollo.

En definitiva, el productor musical se encarga de controlar las sesiones de grabación, del ensayo de los músicos, instrumental y de voz, además de supervisar el proceso de mezcla y masterización de audio. Las etapas de producción musical pasan por la preproducción, que es cuando se definen los arreglos y estructura de las canciones. En esta etapa se definen los timbres y tonos, generalmente es posible simular por computadora antes de la grabación, que es la siguiente fase donde se realiza la captura de instrumentos y voces, luego de eso se

---

[52] Actualmente, productor ejecutivo se refiere al productor que no estuvo involucrado con el resultado final en la música, como timbres y arreglos, pero que trabajó en el diseño del disco y es uno de los responsables de crear la obra.

realiza la edición, donde se realiza la corrección o ajuste necesario, como afinar la voz o corregir el tempo. También puede insertar un efecto especial, un sample o realizar cambios estructurales. Durante la mix se mezclan las capturas de instrumentos y vocales, dirigiendo el audio en dos canales (en el caso del sonido estéreo), finalmente está la masterización, que es la fase final, donde se analiza la pista y se homogeneiza en el sonido y en volumen, produciendo un master que se utilizará para la reproducción en la fábrica de vinilos, k7 o CD.

El disco Hip Hop Cultura de Rua contó con cuatro bandas y tres productores, los temas de Thaide & DJ Hum, "Corpo Fechado" y "Homens da Lei", fueron producidos por Nasí y André Jung (de la banda de rock Ira!), y también por Beto Firmino, quien brindó todo el apoyo. El grupo O Credo con los temas "O Credo" y "Deus da Visão Cega", fue producido por Akira S, mientras que los temas "Código 13" y "Gritos do Silêncio", ambos del grupo Código 13 y los temas "Centro da Cidade" y "Calafrio", ambos de MC Jack, fueron producidos por Dudu Marote.

En el libro "Pergunte a quem conhece: Thaide" el rapero cuenta las dificultades que tenían los grupos, por ejemplo, la falta de equipo, incluso el imprescindible para el rap: los tocadiscos:

> *"Trabajé en una compañía de producción, DMC, y dormí allí; estaba lejos de casa y dormir en el lugar facilitó mi trabajo. Había un tocadiscos Technics. Llegué a la plantilla de O Credo y dije: 'Mira, los chicos tienen un tocadiscos ahí, pero solo podemos usarlo de noche y tienes que devolverme el tocadiscos antes de que abra la firma'. Abierto significa a las 7:30 de la mañana. Entonces los chicos venían por la noche, alrededor de las 9 pm o 10 pm. Se llevaron el tocadiscos y alrededor de las 7 am, devolvieron el dispositivo. Los jefes no lo sabían. Fue una causa justa. Y no hubo rayones en el equipo, ya que la parada se hizo como tenía que ser, valió la pena. No me arrepiento de nada".*

Marcos Valadão Rodolfo, nombre de bautismo del rockero Nasí[53], quien en 1981 invitó a Edgard, Fabio Scattone y Adilson a tocar en un show en la PUC-SP, creando así la banda Ira! En 1983, la productora Pena Schimidt llevó la banda a Wanner para grabar el compacto, IRA !, con los temas "Gritos na Multidão" y "Pobre

---

[53] Nasceu em Bela Vista, São Paulo em 23 de janeiro de 1962.

Paulista". En ese momento Charles Gavin, quien tendría éxito con los Titãs, estaba en la batería y Dino tomó el contrabajo. Sin embargo, para la grabación del disco "Mudança de Comportamento", la banda ya contaba con André Jung en la batería. Las experiencias musicales de Nasí y André Jung, con la grabación de los discos de la banda, le dieron al dúo los conocimientos necesarios para producir los temas de Thaíde & DJ Hum en la colección Hip Hop Cultura de Rua.

André Jung concedió una entrevista exclusiva para este libro y recordó que él y Nasí se aventuraron en el *rap* por el experimentalismo de sentir los latidos de ese ritmo extranjero que tan bien encajaba con las ansiedades brasileñas. Producir Thaide & DJ Hum no fue fácil, porque ni el dúo "rapera" tenía experiencia, ni el dúo *"rock"* tenía conocimientos específicos, pero la apuesta por el rap era prometedora y superaba cualquier defecto que pudiera aparecer.

Thaíde, para el libro "Thaíde 30 Anos Mandando a Letra", organizado por Gilberto Yoshinaga, al explicar la canción "Respeito É Pra Quem?", Explica, además, que una pareja de rockeros produciendo un disco de rap no fue bien aceptado en hora:

> *"Este arrebato también le toca al público de la cultura Hip Hop, que en algunos casos quiere exigir respeto sin respetar otros aspectos culturales. Creo que hay espacio para que todos desarrollen su arte y se expresen sin tener que atacar el trabajo de quienes piensan o hacen algo diferente.*
>
> *Um Un buen ejemplo fue mi asociación con Nasí y André Jung, de ¡Ira!, al inicio de mi carrera musical, a finales de los 80. Me decían que no debía involucrarme con "rockeros blancos", pero siempre valoré a la persona, la ser humano, independientemente de su etnia, clase social u opción artística. Y siempre me trataron con respeto. Hasta el día de hoy, me siento honrado de tenerlos como amigos".*

También en el libro "Pergunte a quem conhece: Thaide", de César Alves, el registro de la relación entre Thaide & DJ Hum con el dúo Nasí y André Jung durante las grabaciones y la producción se llevó a cabo sin problemas y fue mucho aprendizaje para ambos, Thaide informa:

"Las grabaciones funcionaron de la siguiente manera: Tomamos las bases grabadas, que DJ Hum ya había hecho en este esquema. Arrojamos este material en la mano de Nasí y André y ellos se encargaron de todo. André estaba muy emocionado con las grabaciones, siempre dando sugerencias. Todo para él era percusión y pandereta. Él dijo: "Perra, es jodidamente genial, pero creo que hay una pandereta, creo que va bien". Porque tiene una forma de hablar un poco diferente a la nuestra. Hablamos en jerga. Ellos también. Solo su jerga es un poco diferente. Como: 'Putz, hombre, una pandereta ahí, creo que va bien, man. Será muy bueno, hombre'. El estado de ánimo de estas grabaciones fue genial. André y Nasí son grandes socios, les debo mucho a estos muchachos".

Por otro lado, Dudu Marote, hoy muy conocido en el panorama musical, responsable de la producción de los primeros discos de la banda de Minas Gerais Skank. Quien en ese momento formaba parte de una banda de música electrónica, llamada Tarsila, y mezclaba elementos de rap con música electrónica, poseía algún equipo musical y tenía los conocimientos necesarios, terminó involucrándose con la producción del disco Hip Hop Cultura de Rua, como se explica en la entrevista para el programa "Batendo Prato", de Ban TV, del canal DJ Ban:

"Porque tenía el equipo, por casualidad, terminé produciendo mi primer disco, que produje la mitad del disco Hip Hop Cultura de Rua, que fue el primer disco de Hip Hop en Brasil, fue mucho más una oportunidad que un mérito. Necesitaban un tipo como yo y yo también necesitaba probar algo".

Es importante señalar que Dudu Marote no era productor musical, antes del disco Hip Hop Cultura de Rua, ni siquiera tenía estudio, pero la mezcla de rap y música electrónica que hizo en la banda Tarsila llamó la atención de la escena Hip Hop, de ahí que Llegó la invitación para que Marote ayudara con el álbum, como recuerdan MC Who? y Kaseone en el libro Hip Hop Cultura de Rua Eixo 1:

El tecladista Dudu Marote de la extinta banda de pop "Degradé" y con un nuevo proyecto en ese momento llamado "Tarsila" fue invitado a participar en el álbum. Dudu Marote reafirma su condición de productor y continúa su carrera con el proyecto de música bailable alternativa llamado "Que Fim Levou Robin" y luego produce una banda de Minas Gerais que pasaría a la historia de MPB y rock nacional con la regrabación de un clásico de Roberto Carlos "É proibido fumar". La banda de Skank.

Y con eso Dudu hizo su primera producción musical, que representó la mitad del disco, ya que fueron cuatro temas producidos, dos por MC Jack y otros dos por Código 13. Dudu Marote recuerda este pasaje en una entrevista con el programa "Batendo Prato", cuando se le preguntó cómo que conoció a los chicos del hip hop:

> *"Me encontraron. Tenía una banda electrónica, que se llamaba Tarsila, hice un experimento de unir el rap con la electrónica, pero no era Hip Hop, era rap con otros ritmos electrónicos, lo hice a finales de los 80, no sabía muy bien qué Lo estaba haciendo, estaba experimentando, estaba probando cosas... el Hip Hop estaba comenzando a explotar con RUM DMC en ese momento, Public Enemy ,ni siquiera tenía Public Enemy todavía, así que surgió en ese momento, y luego lo que sucedió fue que ellos conocían a mi banda, habíamos tocado en Satã, en otros lugares undergrounds de São Paulo, no vamos a Dudu, Dudu tiene equipo que podrá hacer posible. Y eso fue todo, y en cuanto conocí a MC Jack que produje las bases, junto a DJ Ninja y Código 13 conocí y trabajé con MadZoo, el primer disco de hip hop en Brasil".*

Anderson Ferreira, cantante principal de Código 13, en una entrevista exclusiva para este libro, cuenta cómo fue trabajar con Dudu Marote:

> *"¡Fue muy educativo, él era músico y nosotros no! Aprendimos mucho. Los chicos de Vila Primavera trabajando con un chico que tenía equipos de última generación. Solo tengo que darte las gracias. La gente del sello que lo indicó... Dudu comenzó su carrera como productor musical con este álbum y es uno de los pocos que lo reconoce. Hubo fricciones como en toda producción, como membretes, mezcla, ¡de todos modos! Siempre buscando hacer lo mejor. Pero si toma los artículos periodísticos de la época, verá que solo hubo buenas críticas".*

Otro productor del disco fue Akira S, quien firmó la producción de los temas del grupo O Credo. Akira Tsukimoto fue integrante del grupo Akira S e as Garotas que Erram, formado en 1984, con el movimiento *post-punk* en São Paulo, en esta banda fue bajista y compositor electrónico, con experiencia en bajo desde 1977, también estudió piano, música clásica y electroacústica, además de samba, *jazz* y *tecnopop*. De estas experiencias se jactó Akira, para producir los temas del grupo, en una época de descubrimientos y experimentos, aceptó la invitación y al igual que Dudu Marote se aventuró como productor por primera vez.

La vena *rock* de Akira S hizo que los temas de O Credo en el LP Hip Hop Cultura de Rua se volvieran más "orgánicos", es decir, más tocados, melódicos y menos electrónicos como los de sus compañeros álbumes, por ejemplo, en la canción "Deus da Visão Cega" es claro el peso de las guitarras y el fluir de la música con más "groove" y con graves llamativos, esto acercó el sonido al *funk / soul*, el *flow* del grupo O Credo y el scratches es lo que le da cara de rap a la pista, ya en la canción "O Credo" el beat está "roto" asemejándose al breaking, en una huella con más elementos electrónicos, dando a la canción una vibra "ochenta".

En 1987, Akira S, junto con Alex Antunes, Anna Ruth, Corina, Edson X, Giuseppe Frippi, Nelson Coelho, Parker y Victor Leite formaron la banda Akira S e As Garotas Que Erram, y lanzaron un trabajo del mismo nombre en el sello Cheap and Related, que se especializó en bandas *indie* y lanzó varios nombres del *underground* de São Paulo, como Rita Lee, Fellini y Ratos do Porão. En ese disco, Akira S firmó como uno de los produtores.

En 1990, Akira participó en el tercer disco del dúo Thaide & DJ Hum, "Hip Hop Na Veia - A Resposta", también del sello Eldorado, en el tema "Porcos no Poder", haciendo coros vocales con André Jung, Nasí, RH Jackson. y DJ Hum, en este trabajo, Akira fue el responsable de la mezcla.

En 1991 Tsukimoto estaba con otra banda, Notícias Populares, formada por disidentes de Garotas Que Erram, estaban nuevamente Alex Antunes, Edson X y Victor Leite y una novedad de Teo Ponciano y RH Jackson, este último, que incluía, participó con Akira, en el álbum Thaide y DJ Hum mencionado anteriormente. El grupo grabó para el recopilatorio "Segundo Isso ...?!", Del 91, participando con dos temas: "Notícias Populares" y "4:33".

Después de que la banda Fellini se disolviera por primera vez, Thomas Pappon y su esposa Karla crearon la banda The Gilbertos, que incluía a Akira en el primer álbum, quien también interpretó al técnico de sonido, en "Os Eurosambas 1992 - 1998", lanzado en 1999 por Midsummer Madness. En 2016 lanzó la obra Akira S - Honda San "40% Foda / Maneiríssimo", con canciones de los 80, que estaban en cintas k7 descubiertas en la colección del músico y se hicieron públicas. Es un EP con siete temas cortos que mezclan la electrónica con la ascendencia japonesa de Akira.

DJ Kri, del grupo Região Abissal, recuerda en el documental Nos Tempos da São Bento, que para los productores era difícil entender qué era el rap, porque el bombo sonaba como un problema, mientras que para los fanáticos del Hip Hop este extraño timbre sonaba bien. El Grupo Código0 13 también recuerda, en testimonio para el mismo documental, que incluso los que estaban detrás de la mesa, es decir, los productores, también eran inexpertos, y esto hizo que todos se sintieran a gusto e intercambiaran ideas. Quizás de todos los presentes, Akira S tenía un poco más de sentido de lo que era el Hip Hop.

En el libro "Pergunte a quem conhece", Thaide revela que trabajaba en una productora y para evitar los desplazamientos dormía en su lugar de trabajo, y pronto vio que había una pickup, que se llevaban todas las noches para usarla en la producción de Hip Hop Cultura de Rua, en un esquema entre Thaide y los chicos del grupo O Credo. El otro día por la mañana, antes de que la productora empezara a trabajar, se devolvió el tocadiscos.

Las sesiones de grabación se llevaban a cabo en los amaneceres, en la sede de la empresa de grabación y radio Eldorado, donde las pandillas paraban desde la medianoche hasta las seis de la mañana para poner la voz en sus proyectos, tal vez ese fue el momento que mejoró para todos, o tal vez fue así. la hora que coincidió con la disponibilidad de la recogida que consiguió Thaide. El MC Who? en su libro Hip Hop Cultura Eixo 1, escrito en asociación con Kaseone, también recuerda los tiempos de gravitación y cómo se unieron los equipos de productores y artistas:

"Las sesiones de grabación se programaron para el período de 00:00 a 06:00 de la mañana. Fueron recibidos en el estudio por Plinio Hessel, atento y paciente con los jóvenes artistas. En ese hecho radica parte del éxito del disco. O Credo contó con el apoyo de dos productores: Akira S y Dudu Marote. MC Jack, DJ Ninja y Código 13 no lo tenían. Como Akira S tenía más tiempo para trabajar con O Credo, le pedimos encarecidamente a Dudu Marote que apoyara a los grupos de producción "huérfanos", en los que nos atendieron de inmediato. Ese fue el ambiente solidario, festivo y generoso. Cerrando las asociaciones entre productores y grupos, Thaide y DJ Hum, ya tenían a André Jung y Nazi del grupo Ira! Los equipos ya estaban armados, vamos al partido".

Los grupos tuvieron que organizarse para seguir el esquema de grabación, lo cual no fue difícil para esos jóvenes, aprovechando Dudu Marote los primeros en grabar fueron el grupo Código 13 y MC Jack, entre ellos MC Who? Comenta en su libro que el productor tenía una buena relación con una marca de equipos, que le brindó material de vanguardia para su trabajo:

"El primer grupo en ingresar al estudio fue Código 13, Dudu Marote Iluminado invirtió todos los esfuerzos para darle un sonido innovador y sorprendente al grupo, debido a los avanzados recursos a su disposición debido a su relación con la marca de equipos Roland. la epoca. MC Jack & DJ Ninja continúa en las sesiones de estudio, aún bajo el mando de Dudu Marote repitiendo la dosis".

Otra cosa bien recordada por Who? y Kaseone es el regreso del amigo DJ Uzi, quien logró llegar a tiempo para poner voz a las canciones de Credo:

"Con la mejor noticia posible, DJ Uzi, que acababa de regresar de Francia, no llegó para la foto de portada, sino para la producción y la voz. ¡El equipo completo! La historia comenzaba a escribirse. La idea y la conciencia de que éramos un movimiento único y unido, de los "chicos de las afueras de las calles de São Paulo", prevaleció, independientes de los equipos de baile y fortalecidos por esa oportunidad única y soñada por todos".

FIG.23. Foto de los integrantes de la colección Hip Hop Cultura de Rua, archivo personal del autor.

LOS GRUPOS

"Eu sou daquele tempo que só nóis acreditava
Com walkman no ouvido, adormecia e bolava
Sonhava em ser Thaide, os cara um por um
Black Juniors, Mc Jack, DJ Ninja e DJ Hum
Eu atirei na morte, tive sorte, fui pro jogo
Venho da Zona Norte, seu caio, volto mais novo"

Rock'n'Roll – Edi Rock (Black Alien)

Como se mencionó anteriormente, cuatro grupos participaron en el disco de Hip Hop Cultura de Rua: Thaide & DJ Hum, MC Jack & DJ Ninja, Código 13 y O Credo, siendo este último el responsable del nacimiento del disco, ya que la idea inicial no era una colección, sino un disco de O Credo, que fue buscado por Gilson, del sello Eldorado para el Proyecto.

Sin embargo, O Credo no tenía todas las canciones ni el tiempo para cerrar un disco en solitario, por lo que la invitación se extendió a nombres que hacían buena música en la estación de metro São Bento, y que tenían un aire *"street"*, porque el disco tenía que ser de la cultura Hip Hop, es decir, involucrando todos los elementos, con *MCs*, *DJs*, *Graffiti* y *B.boys*.

Es precisamente por *b.boys* que la grabación tiene una importancia desigual, ya que reunió a cuatro *crews* de *breaking* que eran rivales para trabajar colectivamente: Back Spin Crew, de Thaide, Nação Zulu, d'O Credo e Código 13 y Crazy Crew, de MC Jack. Y en este tema, el objetivo es contar un poco sobre la historia de los grupos que formaron parte de la colección Hip Hop Cultura de Rua.

O CREDO: Formado por MC Who?, DJ Uzi y DJ King T a principios de los 80 en la ciudad de São Paulo. DJ Uzi no tiene su foto en la carátula del álbum y su nombre no aparece en el librito, porque el día de las fotos Cassius Franco (su nombre de pila) estaba trabajando en el extranjero, en Francia, y no llegó a tiempo para el registro.

FIG.24. Foto de Grupo O Credo extraída del encarte del álbum Hip Hop Cultura de Rua, archivo personal del autor.
(sin la presencia de DJ Uzi).

Según el perfil de Ruberval Marcelo da Silva Oliveira, (MC Who?) en el Museu da Pessoa[54], el artista nació el 6 de enero de 1968, en la ciudad de São Paulo, y como muchos, trabajó como office boy a principios de la década de 1890, como se describe a sí mismo Ruberval, escuchaba los discos de su hermano Euvilasio, quien disfrutaba de los bailes de la época y escuchaba a los DJ's pronunciar los nombres de los discos y en las giras que hacía como *office boy* acabó adquiriendo los discos. Posteriormente conoció a Cassius Franco, con quien intercambió información sobre discos y escuchaba mucho juntos, el padre de Cassius era DJ de baile, tenía acceso a muchos LPs de *jazz* y música negra.

Ruberval y Cassius comenzaron a componer sobre bases hechas con una batería electrónica primitiva prestada por un amigo de la hermana de Cassius, y así nació O Credo. Cassius dijo: "Yo voy a ser DJ y voy a hacer los arreglos, tú te las arreglas con la letra, tú que estás ahí, comprometido con ser un intelectual, de Bahía, te las arreglas, lees y me voy", nació MC Who? y DJ Uzi, las experiencias musicales con una batería electrónica no fueron más que una broma, porque como nadie en ese momento tenía el equipo y los chicos no tenían una concepción musical para esto, simplemente ensayaron.

MC Who? Recuerda que las discográficas sacaban singles, que sería la canción publicitada del disco y que iría a la radio y a los bailes, y del otro lado, labo B del disco que contenía el single, estaban los beat bonus, que era un solo tema instrumental o solo la voz, y eso se convirtió en material para rapear, como recuerda Who: "Por ejemplo, Ndee Naldinho toma "My DJ Innovator ", de un rapero llamado *Chubb Rock*[55], y lo convierte en:" Lagartixa na Parede".

En 1984 el grupo O Credo frecuentaba la Praça Roosevelt, en un momento en el que convivían muchas tribus distintas y se hacían muchas amistades a través de la percusión en un bongó sin ninguna pretensión, donde asistían *b.boys*, *punks* e *rockabilly*[56], todos allí por la música. En 1986 hubo una invitación de un productor cultural, Gilson (Fernandes), convocando al grupo a tocar en la sala de conciertos

---

Zoster[57]. Credo tocó con el underground de la época, como la banda Vietniks, de *psichobilly*. Para este evento, el grupo no se sintió cómodo con las bases de la batería electrónica, por lo que apareció DJ Uzi con un par de tocadiscos Isotech, que era el mejor en ese momento. Gilson encontró a alguien para crear las bases que se usarían en el programa, y O Credo hizo tres canciones en esta presentación. Ese mismo día asistieron los chicos del *break crew* "Nação Zulu", quienes inspiraron la película "Beat Street" querían vivir intensamente la experiencia del Hip Hop, querían tener a sus grafiteros, sus DJ's y sus MC's en el equipo, entonces O Credo pasa a formar parte de la familia Nação Zulu.

DJ Uzi no aparece en las fotos del disco Hip Hop Cultura de Rua, ya que no llegó a tiempo para ellas, estaba fuera del país, en Francia, trabajando en vendimias. Desafortunadamente, Cassius falleció poco después del dico. DJ King T, por su parte, se alejó de la cultura Hip Hop y sus amigos en ese momento perdieron contacto con él. MC Who? dejó el movimiento en 1990 y luego volvió a ser un agitador cultural y para lanzar el libro Hip Hop Cultura de Rua - Eixo 1, en 2015, junto con el grafitero Kaseone A Origem, para contar un poco sobre el nacimiento del Hip Hop en Brasil.

FIG.25. Foto Foto de grupo Código 13, extraída del librito de Hip Hop Cultura de Rua, archivo personal del autor.

CÓDIGO 13: La presentación de O Credo en la discoteca Zoster no solo fue importante para el grupo de Ruberval y Cassius, sino también para el grupo Código 13. El equipo de *breaking* Nação Zulu apareció con fuerza para este espectáculo, que entre los espectadores estaba Douglas Ortiz. y Marcio G. de Pinho el MCD y MC Koryac que decidió desarrollar un proyecto similar y creó Código 13, como se recuerda en una entrevista exclusiva para este libro, Anderson Ferreira, MC Black J., quien fue llamado para unirse a la primera formación del grupo, junto con DJ Def Kid , apodo Renato T. Guimarães.

---

[57] Sala de conciertos de São Caetano, inaugurada en 1987.

El Código 13 es un antiguo código de la Policía Militar para designar a "loco". El padre de Renato T. Guimarães, en ese momento, era lugarteniente del PM, llamaba a todos 13. De ahí salió el nombre del grupo: "No hubo discusión para otras opciones, fue el primer nombre puesto en el banquillo y luego aceptado por todos", comenta Anderson Ferreira. Para la creación de las canciones de Código 13, cada MC trajo una canción o rima, la cual fue cantada sobre el sonido gringo. "A veces incluso teníamos instrumentales, pero el vinilo era muy caro en la década de 1980, la información era muy difícil de obtener. Después de un tiempo, conseguimos una batería electrónica prestada por los chicos de O Credo e hicimos las baterías para tres canciones: "Código 13 (O Tema)", "Você Fala Demais" y "Revolta", una de cada rapero", refuerza Anderson Ferreira, Black J , para la entrevista.

El debut del grupo fue en el antiguo espacio Mambembe[58], en la Festa My Baby, organizada por la banda de rock Lagoa 66[59]. Fue un festival de apertura, la banda principal fue "Skowa e a Mafia", que tuvo su show inaugurado por Lagoa 66, quien a su vez invitó al grupo "Fabrica Fagus"[60] a abrir el show. Fabrica invitó a O Credo a abrir su show, y O Credo llamó a Código 13 para comenzar el "festival". Anderson Ferreira, ahora conocido como DOPESEIS9, recuerda: "Casi no lo logramos, pero al final hicimos las tres canciones y ¡fue muy bueno! Recuerdo que ese día nos compararon mucho con los *Beastie Boys*[61], porque todos en el grupo son blancos y también por nuestra actuación en el escenario".

En 1988 el Hip Hop estaba en evidencia, había varias historias en la televisión y los periódicos que hablaban del movimiento. El sello discográfico Eldorado decidió dar un paseo en esta fase e invitó al grupo O Credo a lanzar un disco en solitario, pero la falta de canciones y tiempo hizo que el disco fuera un recopilatorio. La proximidad de los grupos Código 13 y O Credo contribuyó a que el segundo grupo fuera invitado al proyecto. Así, Código 13, representado por Douglas Ortiz,

---

[58] Teatro Mambembe, en la ciudad de São Paulo.
[59] Banda paulistana creada en 1986 por Tadeu Patolla.
[60] Banda paulista de 1987 que mezcla funk, soul, rock, reggae y rap.
[61] Grupo de Hip Hop de Nueva York, fundado en 1980.

Marcio de Pinho, Anderson Ferreira y Renato Guimarães, firma con la grabadora Eldorado.

El grupo ingresó a la colección Hip Hop Cultura de Rua con las canciones "Código 13" y "Gritos do Silêncio", la primera fue compuesta por Koryac y traduce los sentimientos de la época, como explicó Anderson Ferreira para este libro: "Estaba apareciendo mucha gente distorsionando lo que era el Hip-Hop, y era nuestra forma de exponer nuestro sentimiento. No aceptamos ningún tipo de prejuicio ni racismo". El tema "Gritos do Silêncio" fue realizado exclusivamente para Hip Hop Cultura de Rua, y fue compuesto por Black J y MadZoo[62]. El repertorio de Código 13 no era tan diverso y el diseño del disco era muy importante para el grupo por lo que las canciones elegidas iban a ser como un grito, un grito de inconformidad y protesta.

La producción de Código 13 en el disco la hizo Dudu Marote, que en ese momento ya era músico, mientras que los chicos de Código 13 no lo conocían, como recuerda DOPESEIS9, en la misma entrevista: "Fue muy educativo, él era músico y nosotros no! Aprendimos mucho. Los chicos de Vila Primavera trabajando con un chico que tenía equipos de última generación. Solo tengo que darte las gracias. El personal de la discográfica que te indicó". En el tema "Código 13" está la guitarra de André Abujamra[63], quien entró en la canción porque el grupo pensó unánimemente que había falta de *noise*[64], un ruido continuo y constante, como PEN1, entonces Dudu Marote probó con el *sample*, pero al grupo no le gustó. así que el productor comentó sobre André Abujamra, del que los chicos de Código 13 nunca habían oído hablar. "Dijo que era un tipo fuera de la caja y esas cosas. Lo grabó rápidamente y nos gustó el resultado. Después de que salió el disco, intentamos producir algunas canciones con él, pero él estaba muy involucrado como la banda Mulheres Negras... ", recuerda Anderson Ferreira.

Para el disco Hip Hop Cultura de Rua, Código 13 no usó ningún *sample*, todo fue experimental en batería y guitarras electrónicas. Los samples del grupo provienen del EP que se hizo junto a MC Jack en 1990 (Cidade Maldita / Loucura), cuando MadZoo ingresó

---

[62] Marco Antonio Duarte b.boy y productor musical.
[63] Nacido en 15 de mayo de 1965, en São Paulo, es un compositor, cantante y multi-instrumentista.
[64] Ruido logrado a través del pedal de guitarra.

definitivamente como productor de C13. El cantante de Código 13 acredita una cierta influencia del movimiento *punk* de São Bento, que sucedió antes de que el Hip Hop llegara con fuerza, al sonido del grupo: "Y no solo del punk, sino hasta hoy lo intento (no siempre) escuché diferentes sonidos. Este año descubrí un grupo sudafricano llamado Die Antwoord, ¡lo encontré! Skindred, que mezcla reggae con numetal! São Bento siempre será la cuna, ¡pero el crecimiento y la evolución son inevitables! También recuerda que la mezcla de *rap* y *rock*, en su momento fue bien aceptada, pero con reservas. Y que muchas bandas vinieron después de C13, con esta propuesta (como Pavilhão 9, Planet Hemp, Charlie Brown Jr, Tihuana, O Surto): "Creo que salió bien, si te analizas por los nombres que mencioné anteriormente".

Código 13 está actualmente activo, ahora como banda, con bajo, batería y guitarra, siguen trabajando a todo vapor y en una comparativa de hoy a los días de Hip Hop Cultura de Rua, Anderson señala que lo que más sientes falta es: "las ganas de ser noticia, de enviar el mensaje e insistir en ello. ¡La participación, ser parte de una cosa más grande! Hoy en día todo el mundo ve su lado y apunta". Cuando se le preguntó sobre la era del Hip Hop Cultura de Rua (tal vez incluso unos años antes), cuáles son los recuerdos que ven en la memoria del cantante de C13, Anderson deja escapar el regaño:

> *"Descubrimiento, la ejecución de cimientos que de alguna manera ya se han derrumbado, o que han sido reemplazados por otros. Cuando lo comparo con hoy, en las instalaciones de ejecución de beats, creo que antes se valoraba más. En esos días, corrí tras alguien que tenía un teclado con bases de estilo preprogramadas, logró grabar y lo tomó para intentar ponerle una letra encima. ¡Hoy todo está listo! También era necesario innovar, utilizar diferentes elementos, sonidos. Creo que en comparación con la década de 1980, hoy son pocos los que tengo la paciencia de escuchar. Tienes que seleccionar mucho más. Y veo que si eres diferente a la mayoría, ya hay una cara fea. Si el tipo deja el gueto para llegar a una audiencia diferente, ya no rapea. Y tampoco veo la conexión de los cuatro elementos, cada uno está haciendo lo suyo, el DJ, los MC (que por cierto usan MC como presentación para la gente de Funk de Rio de Janeiro), los b.boys y los artistas de graffiti. En aquellos días estaba mucho más unido".*

FIG.26. Foto de MC Jack, con DJ Ninja y A.G. Naja, extracción de la cubierta del disco Hip Hop Cultura de Rua, archivo personal del autor.

MC Jack: Para la colección Hip Hop Cultura de Rua, el grupo MC Jack fue formado por DJ Ninja y A.G. Naja, además de por supuesto Jackson.

En 1984 Jackson Augusto Bicudo de Moraes comienza su caminata en Hip Hop con el breaking, en la calle 24 de mayo con la calle Dom José de Barros, en el centro de São Paulo, antes de migrar a la estación de São Bento.

Jackson dice que la primera vez que apareció el 24 de mayo estaba justo a la crew de Nelsão (Nelson Triunfo) y cuando vio la estética y los movimientos de b.boy pidió permiso para actuar a la rueda y poder bailar, Triunfo pidió esperar un poco, pasó el sombrero, una práctica común de los artistas callejeros que ayudaron a b.boys a comprar baterías para las radios de caja que realizaban el sonido para el baile, y recogían algunas monedas, el público que miraba el espectáculo en la calle se estaba dispersando y fue en este escenario sin espectadores que Nelson le pidió a Jackson que mostrara sus pasos de breaking, pero el chico se negó, precisamente porque no tenía público para verlo, como lo relata el propio Jack en el documental "Marco Zero do Hip Hop". Entonces Nelson Triunfo soltó la famosa frase: "¡Oh hombre, solo los que saben bailar pueden entrar a mi círculo!", Jackson se sintió incómodo, como si el pernambucano dudara de su habilidad, por lo que se tiró al piso en los escalones del descanso, atrayendo el aplauso del Maestro Triunfo, quien dijo: "Oh hombre, bailas, ¿cómo te llamas?", Jackson mira a Nelsão y dice: "Mi nombre es Jaque", pero Triunfo no lo aprobó y lo renombró: "¡No! ¡Tu nombre es Jack! ".

Allí nació el nombre artístico de Jack, pero aún no era MC, sino b.boy, que pronto siguió el movimiento y salió de la Rua 24 de Maio con Dom José de Barros y se dirigió a la estación de São bento, donde pasó uno de los mayores catalizadores del Hip Hop nacional y el fenómeno fue tal que nacieron los primeros MCs, como JR Blaw, luego los b.boys empezaron a cantar rap y muchos como Thaide y Jack hicieron este camino, hasta que apareció la oportunidad de Hip Hop Cultura de Rua, donde Jack editó "Centro da Cidade" y "Calafrio (Melô do Terror)", en la versión CD del disco, con seis temas más que el LP, tenemos tres temas de Código 13 y tres temas de MC Jack agregado al álbum, donde Jack llegó con "Minha Banana", "Vicio" y "Cidade Maldita".

En 1988 MC Jack, de 20 años, formó parte de la polémica entre los LP "Hip Hop Cultura de Rua" y "Som das Ruas", cuando Luizão, dueño de la casa Chic Show, hizo declaraciones de que los artistas de la colección "Cultura de Rua" estuvieron por debajo del nivel técnico y profesional de los artistas del disco "Som das Ruas". MC Jack declaró que Luizão está perturbando el movimiento con sus declaraciones.

La canción "Cidade Maldita" fue el tema de apertura de la serie "Capitães da Areia[65]" que fue proyectada por Rede Bandeirantes en São Paulo, y la canción "Vício" fue sampleada por varios artistas como Planet Hemp, Gabriel o Pensador y el Quinto Andar.

MC Jack también fue pionero en ser el primer rapero en tener una canción regrabada por otro artista, en este caso el grupo Sampa Crew[66] regrabó Centro da Cidade. Jack le dice a Folha Uol: "En 91, 92, el rap dio un giro, el negocio comenzó a comprometerse, politizarse, pesarse", dice el artista. "Pensé que empezaba a perder la alegría, que era la esencia del Hip Hop al principio. Entonces, por elección, comencé a valorar más mi lado de DJ". Y con seis meses de práctica, participa en el Campeonato Nacional de DJ's y llega al top diez. Y siguió evolucionando, mejorando algunas posiciones, como en 1991 cuando fue subcampeón de Brasil a través de DMC, el máximo organismo de DJ's.

Pero antes de dedicarse a la actividad de DJ en 1991, Hélio Branco, primo de Ninja y Alam Beat del grupo Sampa Crew, se unieron a MC Jack, DJ Ninja y Naja, bajo el seudónimo de Gangsta Rooney, y formaron el grupo Radicais do Peso, y graban un LP 12" con dos temas y un LP completo con ocho temas.

---

[65] Miniserie emitida por TV Bandeirantes en 1989.
[66] Grupo paulista de R&B, creado en 1987, pasando muchas veces por el rap, como característica principal tiene canciones românticas.

En 1996, DJ MC Jack se convirtió en Campeón Brasileño de DJ's y así participó en el Campeonato Mundial (DMC WORLD) en Rimini, Italia, ganando el cuarto lugar, siendo el primer y único DJ nacional en estar en la lista de los diez mejores DJ's del mundo, en una competición oficial. En 1997, se convirtió en el bicampeón brasileño de DJ's y de nuevo en el cuarto lugar en el Campeonato del mundo, celebrado nuevamente en Rimini, Italia.

Desde 1998, se ha dedicado como productor musical, tanto en la escena Hip Hop como en la música electrónica, produciendo discos como: "GrooveBox vol. I", "W-Box","In the House" y "Submix". En 2001 lanza su disco debut en rap: "Meu Lugar", del sello Trama y continúa su carrera como DJ.

FIG.27. DJ Ninja, MC Jack y AG Naja con el LP Hip Hop Cultura de Rua. 30 años después.

Thaide e DJ Hum: El 5 de noviembre de 1967 nació Altair Gonçalves en la ciudad de São Paulo, en las afueras de la zona sur, a principios de la década de 1980, Altair vio en el programa de televisión Comando da Madrugada, presentado por Goulard de Andrade[67], el escenario que cambiaría su vida, fue un grupo, liderado por Nelson Triunfo, bailando *breaking* mientras rodaba el sonido de *"The Big Throwdown"*, el tercer

---

[67] Nacido el 6 de abril de 1933 en la ciudad de Río de Janeiro, fue un periodista y presentador brasileño, fallecido el 23 de agosto de 2016.

álbum del grupo de R&B *LeVert*, formado en 1983 en Cleveland, Ohio. La historia tuvo lugar en uno de los bailes de Chic Show.

FIG.28. Foto del dúo Thaide y DJ Hum, retirada del librito de Hip Hop Cultura de Rua, archivo personal del autor.

Nelsão y Funk Cia[68] actuaron en el centro de São Paulo, principalmente en la Rua 24 de Maio, donde fue fácil encontrar a b.boy, y así fue como Altair y un amigo de la época llamado Mário pudieron presenciar personalmente el baile del que se enamoraron, pronto decidieron entrar al baile, literalmente, y luego montaron la pandilla Black Panthers, que duró poco tiempo, luego montaron la pandilla Dragon Breakers, que tuvo más visibilidad, incluso participando en un Concurso Nacional de Break, en el programa Barros de Alencar[69], en TV Record, por donde pasaron grandes artistas de la danza como "Os Cobras" y "Buffalo Girls". La gran final del concurso fue entre Dragon's Breaker's y Gang de Rua (de Santos), esta última formada por Tijolo, Jorge Paixão y Daniel Paixão, quien hoy tiene el sobrenombre de Criminal D[70], además de su fundador Marcelo Cirino.

Durante su participación en el concurso, en 1984, Altair conoció a Marcelinho, de la pandilla Furious Breakers, y decidió

---

[68] Grupo de Hip Hop dirigido por Nelson Triunfo.

[69] Nacido en Uraúna, Paraíba, el 5 de agosto de 1932, fue presentador de radio y televisión, además de cantante y compositor, fallecido el 5 de junio de 2017 en la capital paulista.

[70] Bailarín de breaking, capoeirista, boxeador, estibador, peluquero y rapero nacido en Santos, inició su carrera musical con Criminal D & Gangue de Rua, en los años 90, lanzando el disco "O Conteúdo do Sistema" en 2000.

fusionar las dos *crews* de *breaking*, creando así la Back Spin Crew. La nueva pandilla decide no quedarse en la misma zona que el pionero Nelson Triunfo, quien ya fue golpeado por la policía, quien entendió que los b.boys andaban merodeando y llevó a los bailarines en numerosas ocasiones a la cárcel. Luego Altair, que ya atendía a Thaide y su tripulación, se reunió en el Parque Ibirapuera, junto a otros equipos de baile y con personas involucradas en el skate, hasta que migraron a la estación de metro São Bento, donde los punks se fueron y vinieron los b.boys, naturalmente.

El origen religioso de Thaíde es el candomblé, lo que permitió cierta intimidad con los atabaques, y esta experiencia fue de suma importancia, ya que los *boomboxes* no siempre funcionaban, no había batería, no había electricidad en ese momento, por un boicot a los guardias de seguridad de la estación. La salida fue improvisar los ritmos golpeando botes de basura y haciendo rimas improvisadas.

Thaide improvisó algunas rimas sobre otras canciones, como una forma de deshacerse de ellas, pero tuvo el ánimo de componer sus versos con amigos como Marco Tadeu Telésphoro, con quien se asoció en sus primeras canciones: "A Noite", "Algo Vai Mudar", "Homens da Lei" y "Falsidade". Cláudio fue otro amigo que animó a Thaide a escribir, el amigo era un asiduo de la sala de conciertos Archote en Moema, y en su honor, Thaide escribió la letra "Eu Tive um Sonho" por la muerte de Cláudio. En Archote, Thaide conoce a Humberto Martins, DJ Hum, quien era residente en la discoteca. El encuentro del dúo, Thaide narra en una entrevista para el sitio Grafieiras:

"1984, 1985, alrededor. Los chicos del Back Spin Crew dijeron: "Mira, hay una casa genial en Moema, llama Archote y juega break allí". Dije, "¿realmente hay break?", Y ellos, "tocan new wave, estas paradas". Le dije: "Entonces, ¿pero también juegas al break?" [risas] Y luego fui ese día y me dijeron, "hay un tipo, un DJ que se llama Humberto, que toca unos beats", y me presentaron a Humberto. Pensé, quiero ver si este tipo toca algo realmente genial. Era una casa pequeña, pero era genial, tenía una pista colorida con luces así, muy guay. Entonces, de repente él fue al baño y yo también. Luego llegué allí, miré su pie, estaba usando una zapatilla, y dije, "¡esta zapatilla es realmente una locura!". [risas] "Cuidado", le dije.

Él dijo ¿que? ¿Quieres robarme, hombre? ". Entonces yo estaba mirando, él también estaba mirando, y lo dejé pasar. Eso también lo cuento en el libro. Luego subimos a la cafetería e intercambiamos una idea muy buena. Empecé a hacer trampa todos los domingos en Archote, hicimos una linda amistad".

En el libro "Pergunte a quem conhece a los que saben: Thaide", de César Alves, el rapero atribuye el inicio de su carrera en conciertos a gente *underground*, que había descubierto a los MC's debutantes y tenía algunos contactos interesantes: *"Los chicos de Fábrica Fagus[71] y el Skowa siempre estuvo ahí y creo que fue la gente de Fábrica la que llevó al vocalista de Nasí, de Ira!, a conocer el lugar"*. La relación de Thaide con Nasí, a primera vista, era algo común y que él no imaginaba que pudiera culminar en una alianza que duraría por muchos años, con el rockero asistiendo al rapero en la producción de sus discos:

"Nasí empezó a hacer trampa allí y la gente siempre estaba entusiasmada con el tipo. Para mí, sin embargo, era un tipo normal, porque nunca me preocupé mucho del rock. Incluso me gusta mucho el rock, siempre me gustó Jimi Hendrix, pero nunca me preocupé del rock nacional. Entonces el chico se quedaba ahí y todos decían: '¡Maldita sea, es el chico de Ira!'. El tipo está lleno de dinero'. Pero para mí era un chico normal. Estábamos en São Bento haciendo lo que nos gustaba. En ese momento ya estábamos pensando en grabar, pero pensamos que era casi imposible. Cuando Nasí se enteró del disco quise saberse de qué se trataba".

En 1987, Thaide participó en la fiesta "My Baby", que buscaba resaltar el Hip Hop, y tuvo lugar en el teatro Mambembe, que ya no existe. La participación en la fiesta se realizó a través de Nasí y Fábrica Fagus, y la canción que se presentó fue "Consciência", que tiene las bases hechas por Nasí y Fábrica. La presentación fue un éxito, Thaide fue aplaudido, el público pidió un bis, ya que el rapero recuerda "Vaya, las cosas están realmente locas, puedes hacer una gran cosa" y al final el director artístico Pena Schmidt, del sello CBS, hoy la actual Sony, lo invita a grabar un disco en solitario, Thaide agradece y rechaza la

---

[71]Fábrica Fagus grupo que mezcla funk y soul con rock en los 80, liderado por Márcio Werneck.

invitación, alegando que no está listo. En la entrevista para el sitio web de Gafieiras, Thaide revela:

> *"Y ni siquiera sabía, por ejemplo, el peso de la respuesta que le estaba dando a un tipo que representaba a una discográfica que en ese momento era la más grande del país. Estaba diciendo que no, ¿sabes? Por eso digo que mi intención no era ganar dinero con el Hip Hop en ese momento, era aprender a desarrollar el Hip Hop. Entonces, haz algo genial. Esa era mi intención y le dije: "Prefiero no hacerlo porque no quiero hacer un disco, quiero varios y tengo que aprender algunas cosas". Llegué al camerino, amigo mío, les dije a los muchachos esto... unos me vomitaron, otros me tiraron al suelo, pero yo sabía que había hecho lo correcto".*

Aún en "My Baby" Thaide se reúne con DJ Hum y establece su sociedad. Dice que allí estaba sentado DJ Hum, en las gradas del Teatro Mambembe, cuando Thaide se le acerca y le dice: *"ahí, Humberto, quería hacer un trabajo más profesional, hasta recibí una invitación de una discográfica para hacer un disco y rechacé; ¿Qué te parece que hagamos un disco para sacar a la calle, tío?"*, Humberto respondió: *"Genial, funcionará, pero no sé cómo hacer scratches"*. Thaide dice, *"genial, tampoco sé cómo rimar bien, así que aprendemos y lo hacemos en el momento adecuado"*. Y así nació el dúo Thaide & DJ Humberto, porque como Thaide recuerda "DJ Hum", solo apareció más tarde en São Bento y que hubo varios otros nombres hasta DJ Hum.

Un año después de firmar la alianza, el dúo Thaide & DJ Hum subió al escenario por primera vez, en eventos underground, hasta que en 1988 fueron invitados a participar en el disco Hip Hop Cultura de Rua, del sello Eldorado. El disco alcanza más de 60 mil copias vendidas y hace que el tema "Corpo cerrado" sea muy solicitado en las estaciones de radio de FM. Al año siguiente Thaide y DJ Hum lanzan su primer disco Pergunte a Quem Conhece, producido por Nasí y André Jung, y también grabado por Eldorado, y traen temas como "Consciência", "Eu Tive um Sonho (Cláudio)", "Homens da Lei", "Corpo Fechado" y "Minha Mina" este último contenía sample de la canción "Você", de Tim Maia, que no autorizaba su uso, por lo que se tuvieron que destruir 1.500 LP de la primera edición. A pesar de este revés, el disco tuvo muy buena aceptación y llevó al dúo de gira por todo el país, incluyendo programas de radio y televisión.

En 1990 el dúo edita su segundo disco Hip Hop na veia, del sello Eldorado, un disco que no vende bien haciendo que Thaide & DJ Hum dejen el sello Eldorado, y en 1992 firman con Independente TNT. En 1992 lanzaron A Humildade e Coragem São Nossas Armas Para Lutar. En 1994 salió el disco Brava Gente, para el sello Hip Hop Brasil, en 1996 el disco "Preste Atention" para el sello Brava Gente y Eldorado, un disco que tenía los clásicos "Senhor Tempo Bom" y "Malandragem dá um Tempo". En 2000 Thaide & DJ Hum trabajaron con el sello Trama y lanzaron el álbum "Assim Caminha a Humanidade". En el mismo año, Thaide reemplaza a KL Jay, DJ de Racionais MC's, como presentador de YO!, de la MTV. En 2001, el dúo anunció la separación, debido a diferencias de opinión y proyectos paralelos de ambos.

En 2003 Thaide lanza libro para hablar de su andadura en el Hip Hop: "Pergunte a quem conhece: Thaide" con la editorial Labortexto, realizado en sociedad con el periodista César Alves, el libro venía con un CD del mismo nombre, y contenía la música "Caboclinho Comum" y otros dos remixes. En 2006 participó en la serie "Antônia", en la TV Globo, iniciando su carrera como actor, interpretando a Marcelo Dinamite, el empresario, posteriormente también actuó en la película "Dois Coelhos", en 2012, del director Afonso Poyart. "Thaide Apenas", su trabajo en solitário, salió en 2007 con los temas "Pra Cima" y "Expresso da Favela". En 2009, el rapero pasó a comandar el programa Manos e Minas, de TV Cultura, sustituyendo a Rappin Hood, y permaneció en la emisora hasta 2010, cuando firmó con TV Bandeirantes para ser uno de los presentadores del programa A Liga (La Liga). En 2017, participó con su esposa, Ana Onofre, en el *reality show* de TV Record "Power Couple Brasil". En 2016 Thaide y DJ Hum vuelven a hacer un espectáculo juntos, sucedió en el Festival Meca, en São Paulo. En 2017, el rapero lanzó el disco "Vamo Que Vamo Que Som Não Parar", siguiendo la modernización del *rap* y recordando la fase inicial, como en la canción "Hip Hop Puro", que rescata muchas historias de los inícios del *rap* en Brasil y el movimiento en su conjunto. En 2018, Thaide participó en un nuevo proyecto de TV Record, como juez en el programa "Canta Comigo".

LA RELACIÓN DE LOS MIEMBROS

Aquí dos hechos curiosos sobre la relación de los artistas que componían la colección, como se mencionó, el LP reunió a las cuatro crew de *break* más arriesgadas de São Bento, y las hizo trabajar juntas, y en medio de esta rivalidad, donde MC Jack y Thaide eran enemigos mortales (en el *breaking*), los dos abordados en este trabajo, incluso en la segunda versión de "Corpo Fechado" se encuentra la introducción recogida por Jack. A.G.Naja recuerda en la entrevista exclusiva para este libro, cómo fue la interacción de los involucrados:

> *La interacción fue casi normal, porque 3/4 de los grupos eran de alguna pandilla de breaking en ese momento y frecuentamos el mismo espacio en São Bento todos los sábados, Thaide era de la pandilla rival de MC Jack, pero Ninja y yo teníamos mucho más acercamiento con Street Warriors, donde todavía somos miembros de la crew, y el Alam Beat, de nuestra pandilla, comenzó a salir con la hermana de Thaide, donde se casaron y tuvieron hijos, etc. La Nação Zulu también, Jack había bailado con ellos y conmigo. También pude bailar con ellos en un desafío contra Back Spin, pero al mismo tiempo, Marcelinho Back Spin estaba saliendo con Fekas, que era la hermana de Reka, con quien estaba saliendo en ese momento, y nuestro contacto y cercanía era inevitable. De todos modos, después de años todos nos acercamos.*

Otra historia contada por Thaide, en el libro "Pergunte a quem conhece", relata el desacuerdo deL rapero con DJ Uzi, del grupo O Credo. Thaide informa que estaba en un bar, junto con DJ Hum, y todos los involucrados en el LP y Cassius Franco llegó a ellos y comenzó a ofenderlos. Esta rabieta, según el rapero, se debió al éxito del tema "Corpo Fechado", que dejó a muchos celosos, sobre todo cuando el sello Eldorado decidió sacar un disco de Thaide & DJ Hum, para Uzi el dúo se había vendido y él no aceptaba eso.

> *A esta fiesta llegó y, sin más, me dijo a mí ya DJ Hum: "Métete por el culo". Entonces, en la lata, así, dentro del bar. Lo recibirán por el culo, ustedes dos".*

A pesar de ser pesado, este barrido de alguna manera generó aprendizaje, y fue superado poco después de que el dúo lanzara el álbum "Hip Hop Na Veia", en 1990, el divisor de agua era una pista de ese álbum:

Luego se acercó a mí y me dijo: "Oye, sé que te he dicho mucho en el pasado. Te pego. Aunque sigo pensando que tenía mis motivos. Después de escuchar "Luz Negra", retiro todo lo que dije sobre ti. Vi que lo que dije no tenía sentido. Era un momento por el que estaba pasando, solo sé que no te rendiste. No te vendiste a ti mismo".

FIG.29. Foto de miembros de la colección Hip Hop Cultura de Rua, extraída del libro del mismo nombre de Kaseone y Raul Dias.

LOS TEMAS

"Hip Hop cultura em movimento
arte, entretenimento
dom, talento, conhecimento
Hip Hop te apresento os elementos
Graffiti, Break, DJ e MC
A rua é um templo"

O Hip Hop Pulsa – Arnaldo Tifu

Hubo ocho letras en Hip Hop Cultura de Rua, dos de cada participante. Thaide y su socio DJ Hum llegaron con "Corpo Fechado" y "Homens da Lei", Código 13 vino con un rap que lleva el nombre de la banda, "Código 13" y con el tema "Gritos do Silêncio", llegó MC Jack con los clásicos "Centro da Cidade" y "Calafrio (Melô do Terror")", cerrando el Credo viene de la música homónima, "O Credo" y "Deus da Visão Cega".

Aquí conoceremos un poco más de cada uno de los temas que componen el disco, entiendo la estructura de las letras y algunos datos sobre las canciones.

CORPO FECHADO
Thaide

'Me atire uma pedra
Que eu te atiro uma granada
Se tocar em minha face sua vida está selada
Por tanto meu amigo, pense bem no que fará
Porque eu não sei, se outra chance você terá ...
Você não sabe de onde eu vim
E não sabe pra onde eu vou
Mais pra sua informação vou te falar quem eu sou
Meu nome é Thaide
E não tenho RG.
Não tenho CIC.
Perdi a profissional
Nasci numa favela
De parto natural
Numa sexta feira
Santa que chovia
Pra valer
Os demônios me protegem e os deuses também
Ogum, iemanjá e outros santos ao além
Eu já te disse o meu nome
Meu nome é Thaide
Meu corpo é fechado e não aceita revide, Thaide ...
Na 43 eu escrevi o meu nome numa cela
Queimei um camburão

Que desceu na favela
Em briga de rua já quebraram meu nariz
Não há nada nesta vida que eu já não fiz
Vivo nas ruas com minha liberdade
Fugi da escola com 10 anos de idade
As ruas da cidade foram minha educação
A minha lei sempre foi a lei do cão
Não me arrependo de nada que eu fiz
Saber que eu vou pro céu não me deixa feliz
Essa prece que tu rezas eu já muito rezei
E pro deus que tu confessas eu já muito me expliquei
Thaide
Tenho o coração mole mas também sou vingativo
Por tanto pense bem se quer aprontar comigo
Se achas que esse neguinho sua bronca logo esquece
Então não perca tempo pergunte a quem conhece
Eu só gosto de quem gosta de mim
Mas se for os meus amigos eu luto até o fim
Se mexer com a minha mãe
Meu DJ ou minha mina você pode estar ciente sua sorte está perdida
Pode demorar mas eu sempre pago minhas contas
Também não sou louco pra dar soco, em faca de ponta
Sempre cobro as minha contas com juros e correção
16 toneladas eu seguro numa mão,
Thaide ....
Não nasci loirinho com o olho verdinho
Sou caboclinho comum nada bonitinho
Feio e esperto com cara de mal
Mas graças a Deus totalmente normal
Thaide ...
Mas meu nome é Thaide ...
Vim pra provar que sem a gente ninguém se mexe
Eu chamo DJ Hum junto com os seus scratch
Thaide ...
Mas meu nome é Thaide ...

El tema "Corpo Fechado" Thaide ya había firmado su sociedad con Humberto, DJ Hum, sin embargo actuó como Thaide (solo). Para esta canción se utilizó una muestra del tecladista y cantante estadounidense *Bernard Wright*[72], más precisamente los primeros segundos de "*Haboglabotribin*", que tambíen sirvió como los primeros segundos de "Corpo Fechado". Los tambores fueron sampleados de la canción "*Pumpe Me Up*", por el grupo de funky y R&B *Trouble Funk*[73] y DJ Hum e los los productores Nasí y André Jung, tomaron el momento 3:41 de la canción "*Change the Beat (Female Version)*" de *Fab Five Freddy*[74] para implementar el "Corpo Fechado". Los *riffs*[75] son de la canción "*Genius of Love*" del grupo *Tom Tom Club*[76] y tambien tiene em groove de Noriel Viela[77], con el tema "16 Toneladas".

La canción "Corpo Fechado", tuvo su letra escrita en una alianza entre Thaide y Marcos Tadeu Telésphoro, que en el libro "Thaide 30 Anos Mandado a Letra[78]", organizado por Gilberto Yoshinaga, Thaide define la letra socio como:

> *"Gran parte de este éxito se lo debo a mi difunto amigo Marcos Tadeu Telésphoro. Fue un gran compañero mío, no solo en esta, sino también en otras composiciones que todavía se comentarán en este libro. Residente del Jardim Miriam, en la Zona Sur de São Paulo, era un amigo muy inteligente que, afortunadamente, le gustaba plasmar sus ideas en el papel, escribía muchos versos y poesía".*

La asociación tuvo lugar con Telésphoro escribiendo la primera parte de la letra, y Thaide puliendo y completando la canción, que le gustó desde el principio. En una entrevista para el programa "Panelaço" de João Gordo, Thaide afirma que el primer verso de la canción es lo que llamó la atención sobre la época, ya que todavía era un período de Dictadura Militar, un diálogo similar, también describe Thaide en el libro "Thaide 30 Anos Mandando a Letra":

> *"Telésphoro me entregó la primera parte del "Corpo Fechado" prácticamente lista, solo la pulí. De inmediato me identifiqué con el*

---

[72] Bernard Wring, del género funk y jazz, nació el 16 de noviembre de 1963 en Jamaica, Nueva York.
[73] Formado en Washington, D.C., EE.UU. en 1978.
[74] Fab Five Freddy, nombre artístico de Fred Brathwaite, nacido el 31 de agosto de 1959 en Nueva York.
[75] Riff pequeño tramo realizado en una guitarra.
[76] Tom Tom Clube banda de New Wave formada en 1981, por Tina Weymouth y Chris Frantz
[77] Noriel Viela, Aonoriel Viela Arantes, cantante carioca, nacida en 1936 en la ciudad de Rio de Janeiro y fallecida en 1975.
[78] Editora Novo Século, ver referencias bibliográficas.

tema "Corpo Fechado", por mi formación en candomblé. También me gustaron mucho las primeras líneas, me parecieron muy pesadas: "¡Tírame una piedra y te tiro una granada"! Pronto vi que podría resultar en um rap muy bueno".

La letra intimida y describe a un personaje que no acepta la indignación, enarbolando la bandera del orgullo negro, aunque no sea explícito en la letra, y también el orgullo de ser periférico, en el que las precarias condiciones ayudaron a forjar el carácter de un joven que ahora quieres mostrar tu voz. La letra también recuerda pasajes difíciles, como cuando Thaide fue detenido por bailar en la vía pública, ya que las autoridades en ese momento entendieron que se trataba de un crimen, recordando que el país aún se encontraba bajo la represión de la Dictadura Militar. El rapero recuerda este pasaje en el libro de Gilberto Yoshinaga:

"Todo ya estaba configurado para grabar la canción y la letra aún estaba incompleta. Y lo terminé en el último minuto, cuando iba camino al estudio, en unos cuarenta minutos que pasaron volando en el bus. Empiezo la segunda parte recordando una de las muchas veces que me detuvieron por el "delito" de bailar en la vía pública. En la cuatro-tres escribí mi nombre en una celda (...)'. Esto sucedió, pero fue hace tanto tiempo que, de hecho, el nombre que escribí en la celda era Altair, no Thaide ..."

CÓDIGO 13
Código 13

Existe tempo pra tudo, pra rir ou chorar
Com o código 13 agora é tempo pra cantar
Não adianta dizer e nem mandar parar
Porque somos loucos e vamos continuar
Continuar a cantar, gritar, berrar
E de tudo e de todos vamos reclamar
Saiam do caminho "embalistas" de estação
Não tomem aquilo que nos pertence por razão
Não adianta imitar de vestir hip-hop não se veste tem que se sentir
E pense bem antes de dizer

Ao que vocés nem vem a saber
Escutar hip-hop é coisa normal
Entender o hip-hop é onde está o mal
Sentir essa música nos invadir
É ser contra o racismo dizendo sim ... código 13 como o mundo se faz
De loucos incansáveis que não voltam atrás
Mantendo a esperança fugindo da ilusão
Esperando apenas compreensão
Tentando atravessar todos os limites
Impostos pela vida e que ela nos permite
Dizer muito obrigado certo ou errado
A tudo que existe é inevitável jeito agressivo, sujo e pesado
Estilo hip-hop é como é chamado, negros e brancos de um mesmo lado
Ideias em torno de um mesmo fato

Vivendo em um mundo massificado
Tome cuidado pode estar sendo usado
Sem saber como, porque acontece
Se olha pra trás desaparece

El proceso para componer de Código 13, al inicio de la carrera del grupo, fue el mismo que el de muchos pioneros del rap nacional, que consistió en cantar sobre temas de bandas extranjeras, como recuerda Anderson Ferreira, cantante principal de Código 13, en una entrevista exclusiva para este libro:

> *"Usualmente cada uno traía una letra o rima, intentamos cantar sobre el sonido de los gringos. A veces incluso teníamos instrumentales, pero el vinilo era muy caro. En la década de 1980, la información era muy difícil de obtener. Después de un tiempo, conseguimos una batería electrónica prestada por los chicos de O Credo e hicimos las baterías para 3 canciones: 'Código 13, O Tema', 'Você Fala Demais' y 'Revolta', una de cada rapero".*

Anderson también recuerda la pista "Código 13", que se conoció como "O Tema", compuesta por Marcio G. de Pinho, el Koryac, y dice que la letra es un grito de arrebato para la gente que distorsionó el hip hop, en los primeros años:

"Código 13 o Tema fue compuesto por Koryac. Expresa lo que vivimos y fuimos entonces. Mucha gente aparecía distorsionando lo que era el Hip Hop, y era nuestra forma de exponer nuestro sentimiento. No aceptamos ningún tipo de prejuicio o racismo, hecho que incluso llevó a otra composición de Koryac, una canción llamada 'Raças Diferentes', que apareció em el disco Reação em Cadeia, en 1994".

La canción es muy contundente y directa, y envía un mensaje claro: *"Não adianta dizer e nem mandar parar / Porque somos loucos e vamos continuar"* ("De nada sirve decir y no parar / Porque estamos locos y vamos a seguir"), y las palabras de Anderson Ferreira, antes mencionadas, sobre el hecho de la letra a ser un grito de arrebato: *"Continuar a cantar, gritar, berrar / E de tudo e de todos vamos reclamar"* ("Seguid cantando, gritando, gritando / Y de todo y de todos nos vamos a quejar"), al igual que la crítica, y la forma de enfrentar y luchar a los que distorsionan el hip hop se ve en Versos: *"Saiam do caminho "embalistas" de estação / Não tomem aquilo que nos pertence por razão / Não adianta imitar de vestir hip-hop não se veste tem que se sentir"* ("Salgan del camino "empacadores" de estación / No se lleven lo que nos pertenece por la razón / No sirve imitar el hip-hop, no hay que sentir"). De esa canción salió la famosa frase: *"Escutar hip-hop é coisa normal, entender o hip-hop é onde está o mal"* ("Escuchar hip-hop es normal, entender el hip-hop es donde está el mal"), que se utilizó mucho como *sample* y cita, por ejemplo, Marcelo D2 utilizó esta frase en su tema "Eu Tiro é Onda", de su disco debut del mismo nombre.

La pista también cuenta con la guitarra de André Abujamra, Anderson también recuerda cómo era trabajar con el músico:

"Por unanimidad, pensamos que faltaba un ruido, un ruido continuo y constante, como PEN1. Dudu [Marote] probó con samples, pero no nos gusta. Luego comentó sobre André, de quien nunca habíamos oído hablar. Dijo que era un tipo fuera de la caja y esas cosas. Lo grabó rápidamente y nos gustó el resultado. Después de que se lanzó el disco, intentamos producir algunas canciones con él, pero estuvo muy involucrado con su grupo, el Mulheres Negras"

CENTRO DA CIDADE
Mc Jack

Pessoas subindo e descendo essa rua
pensativas e sem rumo
a procura de aventura
moços, velhos, pessoas de idade
vejo tudo isso no Centro da Cidade
plaquinha de emprego
plaquinha compra ouro
plaquinha compra prata
plaquinha de almoço
pessoas mal vestidas
formando a ralé
boy mal informado
onde é a Praça da Sé?
onde está a bolinha?
um jogo de azar
por incrível que pareça
você nunca vai ganhar
trombadinhas, trombadões
roubando o que puder
andando pelo centro
a procura de um mané
vendedores ambulantes
vendendo seus produtos
mendigo maloqueiro
dormindo como um urso
chega o meio dia
começa a correria
horário de almoço
é hora de alegria

Baiano perdido que não sabe onde está
Veio lá do Norte está aqui para ficar
o Baiana voador a capoeira magistral
o outro come vidro é uma geleia geral
centenas de pessoas procurando um emprego
se elas não acharem continua o pesadelo

> *hare krishna pregando o seu ponto de vista*
> *crente com sua bíblia*
> *falando de uma vida*
> *shows eu vejo em plena praça pública*
> *tem também no Centro a Praça da Republica*
> *Punk, Dark, Roqueiro e Função*
> *Centro da Cidade é um grande coração*
> *vejo tudo isso e fico sem dizer*
> *mas aqui estou de volta para agradecer*
> *Centro da Cidade a você eu devo muito*
> *faz parte da minha vida*
> *não te esqueço um segundo*
> *Jack é meu nome você vai se lembrar*
> *São Paulo não te troco por qualquer outro lugar*

El tema "Centro da Cidade" de MC Jack fue producido por Dudu Marote, no contiene samples de sonido extranjero, tuvo toda su producción hecha por Dudu Marote y *scratchs* por DJ Ninja.

En los 80, antes de la información en la palma de la mano, era común que los jóvenes trabajaran como *office boys* y para Jackson no fue diferente, a los 20 años, en 1988, pasó por el centro de São Paulo cargando documentos desde una esquina a otra, esta experiencia le permitió dar una mirada crítica a ese lugar y a través de su observación apareció la canción "Centro da Cidade", por donde pasan miles de personas todos los días, de todas las edades, y cada uno tiene una historia detrás, cada uno tiene su destino, incluso aquellos sin dirección, como Jack menciona al principio de la música.

El centro de São Paulo es un lugar hostil, quienes tuvieron la suerte de conseguir un trabajo en medio de las dificultades del siglo XVIII se sometieron a veces a letreros que anunciaban los negocios del centro. Así como la incesante avalancha de personas que hacen invisibles a algunos a los ojos de los demás, pero no para el MC que ve a la gente harapienta, que para la sociedad de una clase social superior se llama "chusma", pero estas mismas personas cuando pierde en el centro, recurre a los "vecinos del centro", pidiendo información y corriendo el riesgo de ser agredido por los más pequeños carteristas o por los adultos desesperados que actúan de la misma manera, así son los carteristas *"trombadões"*.

También están los golpes aplicados por los bribones, como el clásico *"jogo da bolinha"* ("juego de pelotita"), un juego de azar que consiste en que el administrador del juego esconde una pelota en un vaso no transparente, boca abajo, y la baraja entre otros dos, para que el jugador intente adivinar dónde está la pelota, sin embargo, el tramposo no toma ese apodo en absoluto, como si por arte de magia metiera la pelota para que el apostador nunca la encuentre y siempre pierda el juego.

El caos de la ciudad se agrava al mediodía, es decir, a la hora del almuerzo, donde la gente necesita moverse para almorzar, desplazarse de un punto a otro, aumentar el volumen de peatones en las calles y confundirse con medingos, vendedores ambulantes y menores abandonados.

Jack habla de los inmigrantes que buscaban una gran esperanza laboral en el gran São Paulo y así obtener la dignidad para su familia, además de las manifestaciones artísticas, filosóficas y religiosas que suceden al aire libre, para quienes quieren ver y oír, el centro de la ciudad presenta un caldero de tribus, con diferentes elementos, pero que hablan en medio de la aglomeración que se genera en el lugar, quizás por el hecho de que tienen en común a jóvenes de la periferia que buscan una nueva aventura, una autoafirmación de su origen y su entorno, lejos de sus acantilados.

Rooneyoyo, quien en la época del LP Hip Hop Cultura de Rua era conocido como A.G. Naja (leer Asistente General) y quien participó con DJ Ninja y MC Jack en la compilación, en una entrevista exclusiva para este libro contó sobre el proceso de composición:

> *"Escuchamos y dimos nuestra opinión sobre cada canción, introducciones, collages y scratches, pero no participé en la parte en el estudio, solo el día de la audición".*

Los arreglos fueron hechos por el productor de las pistas, Dudu Marote, pero que en el momento de la producción. En la fase de creación, MC Jack les mostró la letra a Ninja y Naja, y en la casa del DJ escogieron un ritmo que encajara con la idea y luego en el estudio todo lo hizo Marote, la fase de creación fue muy importante, porque en ese momento es que nacieron "Centro da Cidade" y "Calafrio",

Rooneyoyo cuenta la relación entre él y sus socios, cómo actuó el trío en el proceso creativo:

"Era más una sociedad en la amistad, porque eso no era una cosa profesional en ese momento, porque lo hacíamos por hobby o porque queríamos hacer lo mismo con los gringos, pero Jack siempre venía con algunas rimas y nos mostraba cómo era ... Fuimos a Ninja y allí mostró un montón de instrumentales y teníamos una opinión sobre cuál era el mejor y a partir de entonces se convirtió en instrumental en este tipo de música. Hasta que entramos al estudio, luego terminamos estas canciones instrumentales, era la referencia para hacer algo así..."

El tema "Centro da Cidade" fue grabado por el grupo Sampa Crew, en 1997 como tema del disco "Aroma", nueve años después de que Jack presentara la canción en el LP Hip Hop Cultura de Rua. En 2001 MC Jack lanzó su disco titulado "Meu Lugar", y la canción gana un nuevo look, con un *beat* más pesado, en el clásico *boombap*[79], y se come la segunda mitad de la letra cantada por el rapero Xis[80].

O CREDO
O Credo

(Você vai)
Crer que há o que não se pode ver
Crer que existe algo que não se pode ter
Confiança naquilo que você pode ler
O que importa essas palavras? Você vai entender

Eu te farei crer numa única verdade
Vendarei seus olhos pra sua realidade
Te farei acreditar na evolução dessa idade
Se traduz com o poder de levantar a cidade

Só um novo crer pra ter fazer acreditar

---

[79] Boombap: es un estilo de producción musical vinculado al Hip Hop. La palabra es una onomatopeya para los sonidos de batería, com peso em los tambores, famosa en los años 90, principalmente en el este de Estados Unidos.

Te dou uma doutrina pra te escravizar
Crio um novo jogo pra poder ganhar
Você é uma nova peça para eu montar

No mundo do dinheiro, da mentira e falsidade
Tem tudo isso, impõe minha vontade
Algo que me mostre minha identidade
Que não me afunde na mediocridade

Tenho em minhas mãos um manifesto
Que me salva de afundar em um mundo que eu detesto
Nisso tudo eu piso e não tropeço
Meu manifesto é à força do Credo
Nem toda parede vai me impedir de ir
E de ocupar o meu lugar Nessa terra vulgar
Que insiste em dizer é o seu país
E querem ainda vender isso pra mim
Até o mundo já me deram, mas eu não tô afim
(Até o mundo já me deram, mas eu não tô afim)
Varrer os números do seu falso progresso
Prometer eternidade ou seu vazio regresso

Promover destruição dos seus espelhos
Cansei do seu vazio e seu discurso pentelho
De citações inúteis de um mundo justo
Que se um dia acontecer você morrerá de susto

Mas linha por linha e fio por fio
Eu estupro seu futuro com uma única verdade
O que digo é por intuição
Talvez a sua vida agora não valha nada
Mas não sei porque ela é tão alienada
Segurança agora talvez te cale
Você não terá trocados para pagar o que ela vale

La pista que lleva el mismo nombre del grupo O Credo presenta una dualidad entre el escepticismo y el hecho de creer en todo lo que se impone. Una canción filosófica y que a pesar de tener 30 años sigue vigente, en el año 2018 contaminada por *fake news*.

El sonido contiene sample del padre del Hip Hop, Afrika Bambaataa, con el clásico "Planet Rock", en un ritmo loco y eléctrico con riffs de bajo y guitarra que dan peso al estribillo con referencia a Bambaataa y Soul Sonic Force (*"Party people / Party people"*).

Whoo? Recuerda en el libro Hip Hop Cultura de Rua Eixo 1, que escribió en sociedad con Kaseone, que en esta banda había presencia de metales, tocados por un equipo fuerte, como el famoso trombonista Bocato (Itacyr Bocato Júnior), el trombonista Raúl de Souza y el guitarrista Hélcio Aguirra, de la banda Golpe de Estado, y en el inserto del LP, aún vemos el nombre del saxofonista Loyd, como participante de esta canción:

> *Los temas del grupo O Credo contaron con la participación del trombonista Raúl de Souza, recién llegado de Estados Unidos con premios de la revista "Dow Beat" y Hélcio Aguirra de la banda brasileña de metal "Golpe de Estado", fallecido el 21 de enero. 2014. [...]*
>
> *[...]El trombonista Bocato de la banda Metalurgia y otros proyectos instrumentales de la más alta calidad artística colaboraron con la preproducción de canciones de O Credo invitado por Akira S de quien es amigo y socio hasta el día de hoy.*

En esa canción MC Whoo? y DJ King T explican sobre las personas que creen en todo lo que escuchan, y vienen como una forma de advertencia, al mismo tiempo que desenfrenan, para que estas personas abran los ojos: *"Sou um novo crer pra te fazer acreditar / te dou uma doutrina pra te escravizar"* (*"Soy un nuevo creyente para hacerte creer / tú Te doy una doctrina para esclavizarte "*).

En la cuarta estrofa, que deja la poesía con mayor densidad, la música traza un paralelismo entre los valores del personaje central (tema escrito por Ruberval Oliveira, MC Who) y los valores mundanos, que atraen y succionan al ser humano en trampas, mientras el MC lucha por imponer su voluntad, que es ir en contra de este sistema. Otro punto es el juego de palabras para el escudo de esta situación, que se debe al credo, que puede traducirse como la fe del individuo o como el nombre del grupo, en el sentido de que correr por el rap hace que el personaje refuerce sus valores morales y esto lo diferencia de los demás, no lo convierte en un ser mediocre.

La estructura de la canción también trae, en su primera parte principalmente, scratch's que se presenta en los últimos versos de cada verso, como una forma de traer una variación en el ritmo, que también se puede percibir a través de un nuevo arreglo del bajo que se presenta, principalmente en las partes más densas y eso requiere un respiro.

Whoo? También comenta el extracto del tema carta *"Tenho em minhas mãos um manifesto, que me salva de afundar nesse mundo que detesto"* (*"Tengo en mis manos un manifiesto, que me salva de hundirme en este mundo que odio"*), trayendo una conexión entre la diversión del género musical y su responsabilidad política:

> *"Es una síntesis del sentimiento del grupo, la revuelta. Los integrantes del grupo fueron los primeros en el movimiento Hip Hop, conocidos por tener acceso e interés por la vida de Malcon X, nombre que fue citado insistentemente en las letras de sus mayores ídolos en ese momento Public Enemy".*

DEUS DA VISÃO CEGA
O Credo

Eu viro meus ouvidos ouvindo seus berros
Que festejam e celebram seus erros redundantes
Erros esses que corrijo a ferro
Coisa que eu já deveria ter feito antes

Mas logo vejo que de erros se foge
Como foge louco da realidade de hoje
Fujo daqui com habilidade
Saltando o seu nível de banalidade
E acenando han han han com ironia
Para sua falsa face de alegria

Que consiste em atos de covardia
Que você faz que não vê no seu dia a dia

E olham para mim e apontam com certeza
Aquele é o tal que pensa que é Deus
Eu não me sinto a suprema realeza

Apenas não misturo os meus podres com os seus

Porque se eu tivesse esse poder
Que vocês insistem em me dar
Vocês certamente iriam ver
O que eu com esse poder iria aprontar

Se eu fosse poderoso tudo iria mudar
Ou se anda de pé ou se vai rastejar
Como gente ou barata você vai escolher
Ou você anda de pé ou no esgoto vai viver

Nesse meio termo não vai da pra ficar
Desce logo desse muro que eu vou derrubar
Seres incertos agradeçam a Deus
Pelos poderes decisivos não serem meus

En el segundo trabajo de O Credo, para Hip Hop Cultura de Rua, el grupo presentó en la pista cinco, que abre la cara B del disco, el sonido "Deus da Visão Cega", menos eléctrico que la canción anterior, pero nada menos intenso y filosófico. En esta pista, el scratch es más sutil, mientras que la guitarra gana más peso en los momentos introductorios, incidentales o en el estribillo no cantado. Acompañando el flow viene un bajo llamativo y arrollador, trayendo groove que se mezcla con el discreto rasguño en los discos, en un sonido original y avanzado para la época, recordando que nadie había músico ni productor profesional, Nasí y André incluso dieron un paseo por el rock, pero la producción del grupo O Credo se quedó con Akira S, quien ya tenía relativa experiencia, pero logró obrar un milagro con los recursos y contexto disponibles.

MC Whoo? En su libro, en sociedad con Kaseone, Hip Hop Cultura de Rua Eixo 1, explica un poco sobre su acceso a los discos en ese momento, mientras hace un paralelo con su hermano el DJ Uzi, esta información es importante para comprender mejor los recursos musicales y la formación del dúo en ese momento:

"Incitados por la rica información musical de sus entornos familiares. Cassius tuvo acceso a los mejores discos de jazz, soul y funk. Entre todos los estilos, el jazz fue un gran misterio, una música que

> *fascina y desafía el conocimiento con mayor amplitud. MC Whoo? tenía información sobre matrices negras y del noreste; instrumentistas como Pixinguinha, Dilermando Reis, Saraiva, Waldir Azevedo, Luiz Gonzaga. Era una red de información musical, histórica y antropológica".*

En la pista, la poesía rítmica se dirige al personaje que no pierde el tiempo con banalidades, y con eso se le ve como un ser arrogante, que se cree más grande y mejor que los demás, de ahí el término *"Deus"* (Dios), utilizado en la canción: *"Aquele é o tal que pensa que é Deus / Eu não me sinto a suprema realeza / Apenas não misturo os meus podres com os seus".* (*"Ese es el que se cree Dios / No me siento de la realeza suprema / Simplemente no mezclo mis podridos con los tuyos"*).

Al final, el MC explica que si tuviera tales poderes divinos acabaría con las banalidades de la gente vacía. Este tema de O Credo entra en contacto con el concepto de Hip Hop y la época en la que se inserta, porque en la década de los 80, cuando los elementos llegaron a Brasil, hubo una división popular al respecto, hablando principalmente del breaking, que fue el precursor del hip hop, la gente bailaba por diversión, para tomar una ola, pero también bailaba como acto político y de autoafirmación negra, para mostrar que cualquier lugar es el lugar del pueblo. Kaseone, en una entrevista para este libro, dice que en ese momento tanto la diversión como la protesta motivaban para el baile y para el rap, pero los que estaban más allá, como MC Who y DJ Uzi, entendieron que el lado político del movimiento tuvo que hablar más fuerte, para "Saltar el nivel de la banalidad", una postura similar a la de JR Blaw, quien era considerado un radical, defensor del rap crudo, sin mesclas, y esta postura más punk, por así decirlo, significó que a otras personas no les gustó la actitud y acusaron el acto de arrogancia, dándole el sobrenombre peyorativo de dios.

La música de O Credo llegó como un arrebato al tema, donde afirma que *"Eu não me sinto a suprema realeza / Apenas não misturo os meus podres com os seus"* (*"no me siento de la realeza suprema / simplemente no mezclo mis podridos con los tuyos"*), enfatizando que el personaje está preocupado por problemas más grandes que aquellos que piensa poco en el colectivo.

HOMENS DA LEI
Thaide

Cuidado
Cuidado

Para o povo de São Paulo, de Osasco e ABC
A polícia paulistana chegou para proteger
Policial é marginal e essa a lei do cão
A polícia mata o povo e não vai para prisão
São homens da lei, reis da zona sul
Vestidos bonitinhos no seu traje azul
Somem pessoas, onde enfiam eu não sei
E não podemos dizer nada, pois não somos da lei
Oh meu Deus! Quando vão notar
Que dar segurança não é apavorar
Agora não posso mais sair na boa
Porque ela me para e me prende à toa
Não adianta dizer que ela está errada
Pois a lei é surda, segue mal interpretada
Tenho que me comportar e andar com juízo
Pois ela nunca está onde eu preciso
Se eles me pegam, avisem meu pai
Se saio dessa vivo não morro nunca mais
Não sei se meu destino é mofar atrás das grades
Ou ter meu corpo achado em um riacho da cidade
O que mudou e eu não entendi
É se fazem tudo isso pra se divertir
E com sua boa imagem ela gasta boa grana
São Paulo é um estado com muita segurança
O povo todo ela aniquila
Faz o trabalho errado, mas nunca vacila
E não tem erro, não tem apelo
Cortam sua cabeça, arrancam seus cabelos
Se você não for espeto vai cair em sono eterno
Passar dessa para outra e arder no inferno
O sistema é assim e ninguém nunca me disse
Tropeça no presunto e esbarra em tolices
E você tem rabo grande se escapa da morte

[Refrão]
Se eles são os tais, eu quero ser também
Ser mal educado e não respeitar ninguém
Bater em qualquer jovem sem motivo nenhum
Andar em liberdade e sem drama algum
E você tem rabo grande se escapa da morte
Se ela nunca te parou você tem sorte

A burguesia nos ensina a não ter medo da morte
Nessa terra de sujeira sair vivo é sorte
Os homens da lei (são todos porcos)
Os homens da lei (são todos porcos. Porcos!)

La elección de la canción "Homens da Lei", para integrar el LP Hip Hop Cultura de Rua se debió a que Thaide & DJ Hum querían incluir una denuncia en el disco. La letra es el primer rap que advierte sobre abusos y violencia policial, en un momento en que las primeras letras de rap en Brasil eran más festivas e ingenuas. Thaide recuerda en el libro "Thaide 30 Anos Mandando a Letra", organizado por Gilberto Yoshinaga, que:

> *"En este tema queríamos denunciar la arbitrariedad y la violencia policial que, lamentablemente, todo vecino de la periferia conoce muy bien, especialmente los de piel oscura. Esto incluye los abusos que se practican con el uniforme, pero también los que se realizan sin él, en la oscuridad de la noche o al amanecer. Desde entonces ya hubo muchos justicieros, 'pés-de-pato', masacres, ejecuciones que no se convirtieron en noticia ni siquiera en estadísticas. La gente simplemente desapareció y no se investigó nada, y en muchos casos eran trabajadores inocentes ... Sin mencionar a estudiantes que se oponían al gobierno militar y también fueron perseguidos, torturados y asesinados ".*

Thaide se siente incómodo treinta años después de escribir la letra y ver cómo la situación no ha cambiado, y los versos de "Homem da Lei" siguen vigentes:

> *"Nada cambió. La policía sigue siendo amable en los barrios lujosos y brutal en las afueras, muchos policías todavía practican innumerables abusos y agresiones, o participan en escuadrones de la muerte. Y los*

inocentes, sobre todo los de piel oscura, siguen desapareciendo o son ejecutados".

El rapero también revela que ya ha sido perseguido por la policía por la letra de "Homem da Lei", como el episodio que ocurrió en la ciudad de Poá, em São Paulo, donde policías militares, fuera de servicio, hicieron pucheros en el lugar y se dieron a conocer. *"Pés-de-pato"*, eran justicieros, remanentes del régimen militar. En el libro "Pergunte a Quem Conhece: Thaide", de César Alves, el rapero informa:

> *"Sabía que algunos policías se sentirían incómodos con la letra. Terminó el espectáculo, me dirigía a mi camerino acompañado del dueño de la fiesta y vino un guardia de seguridad: '¿Eh, negro? Te ganas la vida hablando de la vida de los demás, ¿¡eh !? Ten cuidado'. Volví en directo: 'Tenemos un paralelo, entonces, porque yo me gano la vida hablando de la vida de los demás y tú te ganas la vida quitando la vida de los demás'. En ese momento, para evitar la confusión, el dueño de la fiesta le dijo al chico: "Déjalo en paz. Es un artista y hoy paga su salario. Mantener la calma'. Yo era más duro. No lo dejé tranquilo".*

Otra situación que sucedió, por la canción "Homens da Lei", fue la que involucró a DJ Hum, quien fue esposado durante la presentación del dúo en un show en la discoteca Bossa 1, en la Zona Sur de São Paulo, Thaide también recuerda este episodio en el libro de César Alves:

> *"En ese momento, pensé que era una broma. Los chicos sacaron a DJ Hum del escenario, salieron a caminar, cerraron una media luna, una cosa de dictadura militar, con una batuta y todo, y atacaron a DJ Hum. Douglas, que era el tipo que cerró nuestros contratos en ese momento, llamó no sé quién y resolvió la situación. Luego se les ocurrió la historia de que DJ Hum parecía un traficante de drogas local. Maldita sea, ¿traficante de drogas en el escenario? Sabíamos que la razón era la canción "Homens da lei".*

Una curiosidad de esta canción es la muestra del grupo Ira! DJ Hum tuvo la brillante idea de usar la frase "Gritos na Multidão" en forma de collage, de la canción que lleva el mismo nombre: "La idea era que gritábamos en nombre de toda la sociedad sin voz", dice Thaide en "Pergunte a Quem Conhece".

La letra volvió a tener composición de Marcos Tadeu Telésphoro y Thaide: *"Nuevamente adapté y escribí algunas partes complementarias"*, recuerda el rapero en el libro "30 Anos Mandando a Letra", que también recuerda que la letra fue escrita en 1987, y grabado en 1988 con la oportunidad de la colección Hip Hop Cultura de Rua.

GRITOS DO SILÊNCIO
Código 13

O sistema é imprevisível
Leva a humanidade a um fim difícil
O poder, uma mera brincadeira
Que corrompe e destrói, por isso é besteira
As ruas da cidade, sujas e imundas
Matam as pessoas como AKs profundas
As pessoas vivem pelas drogas
Refúgio das fraquezas que por elas foi imposta
Isso está crescendo sem medidas
A cidade é um câncer, um alívio, uma ferida
A TV, puro consumismo
Nesse mundo de ilusões do capitalismo
Gritos! Gritos do silêncio
De povos massacrados sem um alento
Pássaro, preso na gaiola
Canta uma canção sem ver o mundo lá fora

O amor, coisa inexistente
O importante é o momento que passa em sua mente
Alguém foi impedido, impedido de nascer
Abortado bruscamente sem poder viver
Pessoas! Ocultando a verdade
Mostrando suas garras com falsidade
Dizendo, dizendo eu te amo
Apunhalando pelas costas com toda maldade
Um dogma, um dogma divino

Criou o homem e o seu destino
Nem por isso nós podemos prever
O destino da criança que ainda vai nascer
São os gritos, os gritos da cidade
Que consomem as pessoas sem raça e nem idade
São os gritos, os gritos do silêncio
De pessoas massacradas sem um alento.

El tema "Gritos no Silêncio" fue uno de los más orgánicos del álbum, este hecho se suponía que se debía a que Código 13 se presentó como una banda, con lo que los temas de la banda para la colección Hip Hop Cultura de Rua, no tenían samples, como comenta Anderson Ferreira, cantante principal del grupo, en la entrevista exclusiva para el libro:

"¡No hubo samples, hermano! Esto sucedió con el EP que hicimos con MC Jack en 1990, cuando Madzoo entró definitivamente como productor de C13".

Así, entra en juego la creatividad de Dudu Marote y MadZoo, que produjeron el álbum. En el tema "Gritos do Silêncio", por ejemplo, escrito por Anderson Ferreira y la participación de Madzoo fue diseñada expresamente para el disco Hip Hop Cultura de Rua, ya que el repertorio del grupo no era vasto, como explicó Anderson Ferreira:

"Gritos do Silêncio fue compuesto específicamente para HHCR, por mí en asociación con MadZoo. Nuestro repertorio no era amplio y el disco era muy importante. Golpear el sistema de frente era el objetivo, hablar de humanidad, poder ... en ese momento frecuentábamos el Ácido Plástico, el Cais. Varios hermanos del movimiento punk y carecas, como Ghandi, Krânio y otros. La música se compuso para que fuera realmente un grito, un grito de inconformidad y protesta".

Como se dijo, la letra es un grito de protesta también, sobre el inconformismo de la sociedad por diversos problemas sociales, como las drogas, la manipulación de la televisión para el consumismo, el desamor, la falsedad y el aborto, temas pesados para la época, pero que se convertirían común en la década siguiente. En 1988, muchos de los pioneros todavía hacían raps festivos y bailables, sin preocuparse demasiado por hacer crítica o protesta, Código 13 estaba muy avanzado, en cuanto a la letra, para ese año.

La canción comienza con versos tensos: *"O sistema é imprevisível, leva a humanidade a um fim difícil, o poder, uma mera brincadeira que corrompe e destrói, por isso é besteira"* (*"El sistema es impredecible, lleva a la humanidad a un final difícil, el poder, un mero juego que corrompe y destruye, por eso es una mierda"*) líneas que llegan cuestionando el poder y el sistema, en general y explicando el peligro que conllevan. La letra recorre los temas que causan indigestión a la sociedad, manteniendo un ambiente tenso y de protesta. Al igual que la pista "Código 13, O Tema", el tema "Gritos do Silêncio" también tuvo una frase impactante que fue muy sampleada: *"Canta uma canção sem ver o mundo lá fora"* (*"Canta una canción sin ver el mundo exterior"*), utilizada por Thaide y DJ Hum en la versión para "Corpo Fechado" al año siguiente, 1989, en el disco solista del dúo "Pergunte a Quem Conhece", también producido por Nasí y Jung y grabado por Eldorado.

CALAFRIO (MELO DO TERROR)
MC Jack

O terror está chegando em nova dimensão
Essa voz misteriosa vem do fundo de um caixão
A ciência humana não soube explicar
Como sobrenaturais podem conversar
Desafio aquele que se julga valentão
Se tranque no castelo e durma no porão
Aquele valentão deu risada e correu
Pensava ser esperto e no fim apodreceu
Você não vai fugir do terror do calafrio
Se tentar me enganar vai boiar ali no rio
Minha presa afiada no teu corpo vai rasgar
O teu sangue escorrendo e eu te matando devagar
Você não vai me ver, eu ataco de surpresa
Eu sou o calafrio, o rei das profundezas
Vim junto a vocês ver o mundo destruído
Cumprirei minha missão conforme prometido
Se eu não conseguir minha ira vai dobrar

E durante todas noites eu vou te apavorar
Não se esqueça que amanhã você tem que levantar
Minha presença no teu quarto não vai de agradar

Não duvide do que posso ou deixe de fazer
Se você não acreditar, você pode até morrer
Hoje lua cheia, alguma coisa acontece
O enorme lobisomem do mato aparece
Do mato ele segue com destino a cidade
Deixando uma trilha de sangue e maldade
Ruivos, gargalhadas e correntes arrastando
Pregadores do mal na cidade estão chegando

Faz 500 anos que completam minha morte
Mas quando cai a noite me sinto bem mais forte
Saio do caixão e ninguém escuta nada
Com as bruxas vou fazer a revoada
Vou na morte, o Frankstein e também o Penadinho
Agora sinta a força que não estou sozinho
Nas entranhas do inferno uma chama ainda ardia
Um culto de magia negra se fazia

Estranhas criaturas possuídas pelo mal
Louvando o seu Deus, o supremo maioral
Me entregue sua alma e você vai ver
Como as coisas ficam simples, basta obedecer
Você pode entregar, isso fico a seu critério
Por trás de um olhar existe um mistério
Mas sempre esse lembre você tem que recordar
Mais cedo ou mais tarde, venho te buscar

La canción cierra el LP, y trae una construcción y tema diferente a los demás, Jack aborda el tema "terror". Mientras Thaide hablaba de la violencia policial y su estilo "callejero" de pobre y periférico que no inclina la cabeza, Código 13 y O Credo protestaron y se hicieron escuchar en discursos sobre codicia e ingratitud o en defensa del hip hop, en temas que chocaban de frente con el sistema, MC Jack tomó otro camino, el de la vanidad humana, siguiendo su esencia como compositor de una manera diferente para abordar el tema.

La canción de Calafrio habla de ciertas personas que se creen valientes, pero que tienen una actitud cobarde cuando se trata de lo sobrenatural: *"Desafio aquele que se julga valentão / Se tranque no castelo e durma no porão / Aquele valentão deu risada e correu / Pensava ser esperto e no fim apodreceu"* ("Desafío al que cree que es un matón / Enciérrate en el castillo y duerme en el sótano / Ese matón se rió y corrió / pensé sé inteligente y al final se pudrió"). El personaje central de la canción es el escalofrío, es decir, el escalofrío en el vientre, el miedo, que queda claro en el verso: *"Eu sou o calafrio, o rei das profundezas / Vim junto a vocês ver o mundo destruído"*, ("Yo soy el escalofrío, el rey de las profundidades / Vine contigo para ver el mundo destruido"), entendido como un vampiro, ya que el MC cita *"...minha presa afiada no teu corpo vai rasgar..."* ("... mi presa aguda en tu cuerpo se desgarrará ..."). La idea es narrar una situación de pánico, como sugiere el título de la canción, y además del vampiro, que personifica el escalofrío, hay otros seres terroríficos que se mencionan directamente como hombres lobo, brujas, Frankstein e incluso el personaje infantil Penadinho, creado por diseñador brasileño Mauricio de Souza.

La narrativa del escenario de terror cobra mayor impacto porque trata de hechos que suceden de noche, como revela el propio vampiro, personaje central de esta trama: *"Faz 500 anos que completam minha morte / Mas quando cai à noite me sinto bem mais forte"* ("Han pasado 500 años desde que terminó mi muerte / Pero cuando caigo de noche me siento mucho más fuerte"). Quizás la idea original de MC Jack en la composición de este tema fue provocar el machismo ante una situación extrema, y la elección de la trama y los personajes, a pesar del clima de terror, fue darle un toque más humorístico, como lo hizo él en el "Centro da Cidade", que narró el caos de la zona central de la capital paulista, pero sin un discurso ofensivo, solo un observador de los reportajes diarios que allí se viven. Incluso "A Minha Banana", canción que no compone el vinilo Hip Hop Cultura de Rua, sino la versión en CD, la construcción poética y el *flow* de MC Jack son más desenfrenados (lo que no quiere decir que no sea profesional) y traen un lado más ligero a la atmósfera tensa y pesada del *rap*.

Pero la canción "Calafrio" también podría ser una metáfora de cómo funciona la noche para los endeudados, no creo que la intención original sea camuflar un tema en otro, incluso porque Jack es extremadamente directo en su letra, ver "Vicio" y "A Minha Banana" (letra de doble sentido, así como los primeros raps de finales de los 80, pero más valientes y directos) que compone, como bonus, el CD Hip Hop Cultura de Rua. El caso es que un sujeto que debe, ya sea por tráfico o juego, se convierte en cacique, como si lo viera inquietante todo el tiempo, y cuando realmente encuentra a su recaudador, más aún si lo amenaza, la frase *"Minha presença no teu quarto não vai de agradar"* ("Mi la presencia en tu habitación no va a agradar"), se puede aplicar en el contexto original, propuesto por Jack, o en la analogía sugerida en este texto.

Los últimos versos de la canción también contribuyen a la analogía del sujeto sospechoso: *"Você pode entregar, isso fico a seu critério / Por trás de um olhar existe um mistério / Mas sempre esse lembrete você tem que recordar / Mais cedo ou mais tarde, venho te buscar"* ("Puedes entregar, esto depende de ti / Detrás de una mirada hay un misterio / Pero siempre este recordatorio tienes que recordar / Tarde o temprano, vendré a buscarte"), y finalizar el escenario de terror propuesto por el MC, donde en una trama en la que la personificación de la muerte, en la forma del vampiro presentado, persigue a un individuo, el mensaje final es que si se escapa hoy, en esa noche de terror, siempre habrá una nueva oportunidad, porque la única certeza es que todos moriremos.

La letra de "Calafrio (Melô do Terror") es sencilla y algo ingenua, ya que, como se dijo anteriormente, tiende al desenfreno, a pesar de transmitir un clima de horror en su construcción. Este estilo que disfrutaba Jack, hoy se conoce como *"horrorcore"* o *"horror rap"* que nació al mismo tiempo que la colección Hip Hop Cultura de Rua, a finales de los 80, y derivó del *gangsta rap* y el *hardcore* cuando los grupos empezaron a involucrarse en sus letras temas relacionados con eventos sobrenaturales, influenciados por la literatura de terror estadounidense. En Brasil la tendencia no es popular, pero tiene sus seguidores y el primer grupo sin duda en estilo fue el Seres Mortals, con el tema "Gritos de Agonia" lanzado en la colección Fest Rap volume 1, esto en 1994, dos años después y la colección tuvo un segundo volumen, en que el grupo hizo escuela y patrocinó el grupo Fúria Verbal que siguió en el mismo estilo que el horrorcore, luego los dos grupos se fusionaron, convirtiéndose en Transfusão, desde entonces han aparecido muchos otros en Brasil, algunos más enfocados en un trabajo completo sobre el tema, otros con solo una u otra pista. MC Jack, pionero en la grabación del primer disco de Hip Hop del país, también fue el primero en hacer horrorcore en suelo brasileño.

La canción "Calafrio", también llamada "*melô*" (término que se suele usar para designar canciones más libertinas, que expresa la idea de Jack haciendo una canción crítica, pero con menos peso social que sus compañeros de compilación), y que proviene del griego "melos" y significa melodía, es decir, la "Melodía del Terror". La creación musical de este tema siguió el mismo procedimiento que utilizaban en su momento el trío MC Jack, DJ Ninja y AG Naja, según respondió, al ser preguntado en una entrevista para este libro Rooneyoyo, que en el LP Hip Hop Cultura de Rua tenía el nombre en clave A.G. Naja:

> *"... A Jack siempre se le ocurrían algunas rimas y nos mostraba cómo era... fuimos a Ninja y allí mostró un montón de instrumentales y pensamos cuál era la mejor y desde entonces se convirtió en instrumental de la música. Hasta que entramos al estudio, luego terminamos estas canciones instrumentales, eran la referencia para hacer algo similar..."*

De las sesiones de escucha del disco en casa de DJ Ninja, para la elección del instrumental, el disco elegido fue el instrumental Hip Hop Phenomenal, grabado por Zakia Records en 1987, por el grupo Jaybok The City Ace y con *scratches* de DJ Doc, la canción Se utilizó el número dos "Hip Hop Phenomenal", el disco cuenta con dos temas, "*My Masurati*", además del ya mencionado, y dos versiones de cada una de las canciones, una con letra y otra instrumental. El tema sirvió de inspiración para componer "Calafrio", y en las dos obras podemos ver los sonidos de la noche de fondo de la música y se nota la influencia de Jaybok en el *flow* de Jack. Los teclados, que ayudan a crear la atmósfera de terror en "Calafrio", fueron tocados por Dudu Marote, el productor de los dos temas de MC Jack en la colección, los arreglos fueron recreados, se nota que la inspiración vino de "Hip Hop Phenomenal", los scratches y collages fueron responsabilidad de DJ Ninja, y justo al inicio de la canción, luego de la tensión que marcan los teclados, hay una risa aterradora que se repite a lo largo de la canción y funciona como una especie de coro, esta risa maquiavélica fue sampleada del videoclip *Triller*, de Michael Jackson, donde el actor Vincent Price[81] termina con una risa oscura.

AGRADECIMIENTOS
EM EL DISCO

"Vamo que já esperamos demais por esse causa
Quando a trinta anos atrás se iniciava
A cultura do gueto que trouxe vida pra gente
nóis batia nas lata hoje nóis bate de frente!
Vários irmão numa missão até aqui
Uma geração que conseguiu sem desistir
Uma caneta bic, rimando
na sulfite, no break e no grafite, o hip hop vive!"

Hip Hop Não Para - Inquérito

El álbum Hip Hop Cultura de Rua fue un proyecto diseñado en colaboración, que reunió a crews rivales de *breaking*, ejecutivos de un sello importante y productores primerizos, que además de pertenecer a otro género musical, incluso porque el rap como producto fonográfico aún no existía en Brasil.

En el inserto del álbum hay un agradecimiento a todos los que ayudaron, directa o indirectamente, a la conclusión de este proyecto:

AGRADECIMIENTOS EN EL DISCO:

THANKS: A lo todo poderoso Dios – a nuestros padres – madre de la NZ: Dna Francisca – Todas las crews de breakdance – Máfia – O Credo (who help uso n our way) – Fabrica Fagus – Luni – André Abujanra – Candinho – Mambembe – Cais – Kikito – Alois Arthur Verissimo – Tiago – Staff do Estúdio Eldorado – Cherry T – Minie Mau Beat – Julinho Mazzei – DJ Mad Zoo – Duda DJ (ex Cód. 13) – Aline (repórter abelha TV Mix) – Glorinha y Vânia – MC MD – Fábio – AG Crânio – a lo fusca de Douglas – José Paulo – (proveedor de zapatillas) – Nuestras famílias –

---

[81] Vicente Price, actor nacido en 27 de mayo de 1911, St. Louis, Missouri, EUA, hizo carrera en películas de terror y suspenso, llegó a ser conecido como "Maestre de lo Macabro".

Skowa – Azambaa – Mr. Magic – Carlinhos – Alcida Martins – Nilce Juninho Thonon – Daniel – Kika - Eduardo Angelo – Zélia Angelo y familia – Valéria – DJ Tio – "Osso" – Gilmar – Crick – Tatão – Nego Boy – Vandinho – Claudião – Macola – Cecel – Joel – Luis – Periquito – Fernando Cesar – Stancy G – Maria Rosa e Bastião – Wagner – Laércio – Zezé Vital – Valdir – Milton Sales – Willians – Serafim – Mané – Mauricio – Amando Martins – Machado – Tio Zé – Luizão – Márcio – Franja – Porquinho – Marajá – Claudinho Avalanche – Nei – Henrique – Adalto – Gil – Rildo – Walking – Lions – Sensimilla – Bira – Lino – Daniel – Cotê – Português – a nuestros innumerables amigos de todas partes, ya todos los raperos y brakdancers del mundo y los que dieron un impulso a nuestro trabajo. Paz para todos.
SPECIAL THANKS: Crazy Crew – Nação Zulu – Back Spin – Street Warrior's – Geração Rap – Região Abissal – Estilo Selvagem – Adi Rock e KLJ – Fúria – Rap Girls – Sampa Crew – Nelsão – B. Boys Due – Titãs – Lobão – Mme. Frances – Lord Micro – Liège – Marcelo Nova – Gato Felix – Kadafi – Escadinha – Carecas do Subúrbio – Carlos Legalize It – John y Andréia – Raul Seixas – Mc. Zulu – (Go Back, Man!!)
EXTRA SPECIAL THANKS: Public Enemy (you are – really nº 1) – Two Live Crew – Mantronix – MC Shy-D – MC A.D.E. Run DMC –DJ Jazzy Jeff y Fresh Prince - LL Cool J – Derek B y Boggie Down Productions.
Y a los maestros: Afrika Bambaataa – Soul Sonic Force – Shango – Grand Master Flash – Kool Herc – Jazzy Jay – M Jame Brown – Kraftwerk – The Universal Zulu Nation Funky Family y dedicado a la memoria de DJ SCOTT LA ROCK (God bless you).

Nota: Los nombres "Adi Rock y KLJ" son de los miembros de los Racionais MC's: Edi Rock y KL Jay, que por alguna razón se escribieron de manera diferente, quizás erróneamente, en el encarte del LP.

FIG.30. Panorámica del encarte del LP Hip Hop Cultura de Rua, donde se pueden en contrar los agradecimientos. Archivo personal del autor.

FIG.31. Detalle de agradecimiento en el encarte del LP Hip Hop Cultura de Rua. Archivo personal del autor.

IV

HIP HOP
CULTURA DE RUA,
30 AÑOS DESPUÉS

"Aos que acham muito louco uma roda de break
O tempo foi passando e a cultura foi crescendo
Estilos diversos, quatro ou mais elementos
DJs, MC's, Break, Graffiti
Tudo pelo social na medida do possível
Apologia, alerto, um grito de protesto
Em meio as injustiças, esse é meu manifesto"

Outra Proposta – Sombra & Bastardo

Como un pájaro vuela el tiempo, así cantó Chico Science, ya estamos en 2018, treinta años después del lanzamiento del disco Hip Hop Cultura de Rua, ¿y cuáles fueron las consecuencias de los hechos aquí comentados? ¿Cómo está el Hip Hop? ¿El *breaking*? ¿El *rap*? ¿Los artistas? ¿Los productores involucrados?

Mucho se ha dicho que 2017 (¡incluso en 2016!) Sería el año lírico, es decir, desde el punto de vista de la construcción de la letra y la forma de cantar y producir los *raps*. Lo cierto es que el rap de 2017 y 2018 alcanzó un nivel nunca antes visto en Brasil, siendo el género más consumido en EE.UU, superando al *rock n 'roll*, lo que hace que muchos exclamen: "El *rap* es el nuevo *rock*! ".

El 18 de julio de 2017, la firma de investigación Nielsen dio a conocer el informe, que según un resumen del diario O Globo señalaba que el *rap* era consumido por el 25,1% de la población estadounidense, el 23% de los cuales prefiere el rock. Es decir, treinta años después y el *rap* va bien, ¡gracias! Las rimas en la estación São Bento y los golpes de los botes de basura no fueron una ola pasajera, fue la base para la construcción de algo muy importante, eso es cuando se habla de Brasil, claro. Cada país tuvo su camino hacia la evolución del rap, y ese camino no fue fácil para nadie.

Dos observaciones son esenciales con respecto al status quo actual del *rap*. Primero sobre su trayectoria, y aquí lo limito a hablar del territorio brasileño, aunque la historia es muy similar a la de cualquier otro país, principalmente Estados Unidos, nación que dicta las tendencias del género. El disco Hip Hop Cultura de Rua, y otros de la época, como O Som das Ruas, Hip Rap Hop, Consciência Black y cualquier otro de hace treinta años fueron fundamentales para apalancar el *rap*, porque tomaron la música de las calles y la llevaron adentro desde las casas, la gente ya podía comprar su LP y disfrutar de Thaide & DJ Hum, con "Corpo Fechado", dentro de su casa o departamento.

Con eso, la gente no necesitaba estar en el momento y el lugar adecuados para disfrutar del género. Los artistas, entendiendo que la idea de grabar un sonido funcionaba, incluso en una colección, empezaron a dedicarse a grabar sus canciones en disco, y para no ir demasiado lejos, Racionais MC's y Thaide no tardaron en dejar las colecciones y grabar sus propios discos. También hubo copias que se hicieron a mano, el contenido de un vinilo se transfirió fácilmente a una cinta k7 con la ayuda de un "3 en 1" de la época, y las cintas se tomaron prestadas, pasaron por varias casas, a través de varios dispositivos de sonido, por lo que el rap se hizo más popular. Años después, pasó lo mismo con el CD, y mucho más tarde con los archivos digitales pasados por *bluetooth* o por el propio *pen drive*, hasta que llegamos en 2018 con los servicios de *streaming*[82].

Esta popularización, a través de copias e intercambio de canciones, podía (y sucedía) con cualquier género, pero con el rap tenía una diferencia: el contenido de los temas. Las primeras canciones de finales de los 80, como se ve en las colecciones "Ousadia Rap" y "O Som das Ruas" trajeron un ambiente más festivo:

"Chegado, cheguei, e vou levando pra vocês
um lance diferente, tipo o um rap no francês
não é nada muito complicado, até que é divertido
é só vocês ficar ligado e repetir comigo
Eu vou dizer muito obrigado e vocês dizem la mon amour
mademoiselle, merci bocu, bo - cu!!!"

Dee Mau – Rap no Francês

Al entrevistar a Kaseone, le pregunté si en ese momento la gente rimaba por diversión o protesta, y a través de su experiencia me respondió que "ambas cosas, tanto diversión como protesta", y que el hecho de que el *rap* sea un arma dirigida al rostro del sistema, estar un dedo en la herida, fue un proceso algo lento, pero extremadamente natural:

"La Protesta existe, y siempre existirá, en el momento exacto en que
se entiende el rap como uno, digamos, cuando la persona que está frente
a la población para pasar la voz, comienza a entender que en ese
momento, a través de de influencias americanas, ¿sabes? Empieza a
entender que necesitaban hablar de algo".

Pero incluso el *rap* en Brasil, siendo hijo de bailes *blacks*, fiestas y tertulias, ya tenía brío de protesta, las canciones del LP Hip Hop Cultura de Rua son denuncia, reclamo y hecho para causar malestia, como por ejemplo. "Homens da Lei", de Thaide & DJ Hum, que aborda directamente la violencia policial, así como O Credo con "Deus, da Visão Cega" y Código 13 con "Gritos do Silêncio" que

---

[82] Streaming es la transmisión continua de descarga de datos a través de Internet, que no se almacena en el disco, medios populares como YouTube, Netflix y Spotify usan transmisión streaming.

trajeron líneas muy críticas para la época en cuestión, incluso MC Jack, con "Centro da Cidade", tema que trajo un ambiente más liviano y humorístico, criticó el caos del centro de São Paulo, al tiempo que exaltó el mestizaje de la gente y su amor por el lugar.

El *rap*, al ser muy consumido en la periferia, pronto generó fanáticos por su estilo, pues la comunidad que no tenía agua ni alcantarillado sufría de drogas y violencia policial, se identificó de inmediato y comprendió que alguien, en este caso el *MC* o grupo de *rap*, era el portavoz de los problemas del barrio, y que a través de la música hacía que los problemas vividos fueran escuchados por otras personas. A principios de los 90, la dictadura militar había cesado, pero como herencia dejó la represión policial, y esto provocó que se escribieran muchas canciones, causando mucho malestia a los policías, quienes a su vez aumentaron la persecución por los pobres y negros, especialmente aquellos a los que les gusta el *rap*.

A diferencia de 2017, el año lírico, a principios de los 90 la forma literaria del rap eran crónicas de la periferia, donde se contaban muchas historias, retratando los problemas de las chabolas, narrando también experiencias como la pérdida de amigos por el éxito de relatos de tráfico o drogas, además de estar tocados por amargas rutinas y la desesperación de personas en situaciones que, por ahora, parecen irreversibles y con un sufrimiento sin fin, como por ejemplo en la música "4 Manos", del grupo Face da Morte:

> *"Curtindo altas minas, mas na favela a história é diferente*
> *Não tem piscina, pelo contrário, tem um boteco á cada esquina*
> *É o cenário ideal pra mais uma chacina*
> *Dar um role na favela, pode crer, é diversão*
> *Para os otários fardados cinzas que estavam de plantão*
> *O camburão parou em frente ao bar*
> *Essa é a hora em que o filho chora e a mãe não vé*
> *Já foram logo enquadrando o Celsinho, é meu vizinho*
> *Gritou um dos manos, aí fulano, cala a boca senão vai junto*
> *Bem na ocasião, estava com o nariz em cima, não teve perdão*
> *Foi chamado pra cima, na presença de crianças".*

Este comportamiento del *rap* hizo que la gente, como el rapero Pepeu, prefiriera dejar de seguir el genero musical, por no identificarse con el estilo de la crónica que se presentaría, como explica el propio *MC* en testimonio para el documental "Nos Tempos da São Bento". Mientras Racionais MC's se convierte en el principal grupo de rap del país, utilizando precisamente la crónica para la construcción de su trabajo, teniendo gran aceptación por parte de los oyentes. Los otros conjuntos de *rap*, que vinieron después, fueron influenciados por los Racionais y adoptaron su forma de construcción, por lo que el rap se asociaba comúnmente con el bandidaje, el engaño, las drogas y la policía. Estas asociaciones solían hacerlas personas que escuchaban solo un fragmento o estribillo de una u otra canción, lo que hacía que las familias más conservadoras prohibieran a sus hijos consumir rap, afirmaban que, a veces por malas palabras, o por "disculpas" que las canciones hablan de drogas y crimen. Lo mismo sucedió con los grafitis que se consideraban vandalismo, los *DJ's* que solo hacían ruidos, o los b.boys que no traían nada bonito, todo se usaba para reducir el fenómeno del Hip Hop. Reforzando que el rap de los 90, en esencia, no hacía disculpas, sino que muchas veces traía personajes que eran delincuentes, atracadores, narcotraficantes o drogadictos, como el crack, y estos personajes se presentaban en las crónicas para mostrar otra visión sobre el tema, y el resultado de estos fue casi siempre malo y cruel, mostrando que las drogas y el crimen no son la salida para nadie.

Los problemas de los barrios pobres, como el saneamiento básico, por ejemplo, son conocidos por todos que es responsabilidad de las autoridades del país, sean alcaldes, gobernadores o el presidente, y no tardó en rapearse atacando a la clase política y reclamando mejores condiciones para las periferias, especialmente los barrios marginales. Se hizo común escribir una canción y dirigirla a los políticos, especialmente con puntuarlos cada vez con más frecuencia en la televisión, como el *impetchman* de presidente de Brasil, Fernando Collor, en 1992, y luego la ola de privatizaciones de la era Fernando Henrique Cardoso. El profesor e investigador Roberto Camargos, en 2015, publicó el libro "Rap e Política – Percepções da Vida Social Brasileira" que aborda cómo las canciones del rap nacional se relacionan con los acontecimientos del país, en el ámbito político y social.

El "rostro" del *rap* brasileño se debió principalmente a estos dos aspectos: la vida cotidiana en las periferias y el abandono de los políticos, y como consecuencia, la protesta y denuncia contra ellos, además de la lucha incansable por acabar con los prejuicios sociales y raciales, utilizando muchas veces de acercamiento de movimientos negros e ideales de líderes como Malcom X y Martin Luther King. Habían canciones que iban al revés, unas románticas, otras para exaltar las cosas buenas de los barrios pobres, y otras para celebrar, al estilo de las primeras músicas de finales de los 80, pero con la madurez de composición y producción de algunos años de rap en Brasil. Estas letras solían ser una pista o dos de algún disco, en la mayoría de los casos no había *MC* o grupo de *rap* enfocado al 100% en un trabajo que escapaba a la estética de la época: denuncias de protesta y retratos de las chabolas en crónicas sobre la periferia.

Esto se reflejó en los nombres de los grupos de ese período: "Realidade Cruel", "De Menos Crime", "Face da Morte", "Detentos do Rap", "Conexão do Morro", "Faces do Subúrbio", "Visão de Rua" y "Sistema negro", solo por nombrar algunos. Los grupos de *rap* necesitaban tener un nombre fuerte e imponente, porque el nombre era como una tarjeta de presentación, siendo el primer contacto que tendría el público, y un nombre fuerte podía marcar la diferencia y ganar ya un nuevo oyente. Vuelvo aquí al punto sobre cómo el *rap* era visto por madres y padres, quienes a menudo "boicoteaban" la música en sus hogares, porque la encontraban extremadamente violenta (por el nombre del grupo, la canción, la forma de cantar), y si un padre o una madres periféricas hicieron tales prohibiciones, ¿imagina las clases sociales más altas? El género quedó fuera de las estaciones de radio y televisión, siendo consumido solo por cintas k7 y CD pirateados, y por la ayuda de estaciones de radio comunitarias, que aprovecharon enormemente el alcance del Hip Hop en las chabolas. Una radio que es muy importante mencionar es la 105.1 FM, de Jundiaí, São Paulo, que a través de sus programas "Espaço Rap" (Parte 1 y Parte 2), "Balanço Rap" y "Rap Du Bom" hizo el rap en horario de máxima audiência, podía llegar a más de 200 ciudades del interior de São Paulo y al sur de Minas Gerais, por no hablar de la capital de São Paulo, en un momento en que Internet seguía arrastrándose y no era accesible para todos.

Escuchar rap en los 90 era un signo de rebeldía, ese género que nadie veía en la tele, que las populares emisoras de radio FM no ponían y que las grandes tiendas de discos no vendían sus CDs. Disfrutar del género era ir a contracorriente, y para la juventud, principalmente negra y periférica, fue fundamental en su camino hacia la vida adulta. Pero el *rap* no fue solo cosa de niños, muchos se casaron, tuvieron hijos, empezaron a trabajar, pero no abandonaron el sonido, tal vez tuvieron que reducir un poco la gira, pero siguieron consumiendo rap, por momentos era común mirar los padres y niños disfrutando de un clásico juntos.

El *rap*, como cualquier otro género que surgió en Brasil, terminó siendo influenciado por la cultura brasileña y se fusionó con otros ritmos, uno de los cuales fue el *rock*, que, a pesar de no ser un ritmo de Brasil, vino mal en los 90, perdiendo espacio para la música campesina y el axé music, bandas de los 90 como Chico Science & Nação Zumbi, O Rappa, Planet Hemp, Charlie Brown Jr y un sinnúmero más comenzaron a coquetear con el Hip Hop, a través de las levadas, *scratchs* y la actuación de DJs, que se incorporaron bandas y luego las guitarras de *rock* se hicieron cada vez más frecuentes en el rap, similar a lo que ya había hecho Código 13 en el disco Hip Hop Cultura de Rua. Esta suma de géneros hizo que el rap fuera popular en la clase media, por lo que los chicos de fuera de la periferia comenzaron a consumir música de las chabolas. Lo mismo pasó con samba, reggae y MPB (Música Popular Brasileira). El *rap* comenzó a unirse de forma natural a estos estilos y se hizo popular entre otras audiencias. El gran nombre de este ejemplo es el rapero Criolo, que empezó a hacer un sonido con influencias de la MPB (Música Popular Brasileira) y trajo a otra audiencia a disfrutar de su sonido, y no quedó mal ante los fans originales de las periferias.

Estas influencias ayudaron a que el *rap* creciera y a romper un poco los prejuicios sobre el género, pero también trajeron otras consecuencias, con el creciente público era natural que los temas también fueran más amplios, y aparecían grupos de *rap* con nuevos temas, nuevas propuesta y público, cantando lo que a la clase media le gustaría escuchar, y que muchas veces se reducía a pasiones adolescentes y uso de drogas, es cierto que en ese momento la música comenzó a presentar varias formas nuevas de *flow* y *beats*, diversificando aún más el género. A mediados de la década de 2000, el *rap* comenzó a ganar medios, con más elementos *pop* (en el sentido popular) en las canciones, como guitarra acústica, guitarra y coros de artistas de otros géneros, así como letras con menos o nada de improperios y el enfoque más de "escritura vestibular", en lugar de "crónica periodística", luego la música *rap* se convirtió en radio y ganó los medios, al mismo tiempo que internet era accesible para todos los brasileños, todo lo cual corroboró el crecimiento de *rap*.

La tecnología fue otro catalizador, *software* accesible como *Fruit Loops Studio*, permitió a personas sin muchos conocimientos construir bases de *rap* con una simple computadora, la producción del género se volvió accesible y aumentó la cantidad de *MCs*, quienes ganaron confianza para rima a través de batallas de *freestyle*, como por ejemplo en el metro de Santa Cruz, donde un individuo improvisa rimas sobre el otro, en una especie de competencia, hasta que sale el ganador, de ese modelo salieron nombres como Emicida. La diferencia entre la estación São Bento y la estación Santa Cruz es que en la primera, en los años 80, el ambiente era de descubrimientos, se hacían raps sin saber que era un *rap*, las bases se hacían en el basurero y nadie quiso grabar discos o videoclips, y en la estación Santa Cruz el ambiente es de competencia, de ser el más grande por la tarde o por la noche, mostrando la mejor rima sobre una base descargada de internet o producida en *Fruit Loops Studuio*. Esta rueda de *freestyle*, que no era la única en Brasil, y que ya existía en los 90 en las afueras, sirvió de preparación para el *MC* novato, dándole la confianza para actuar y luego lanzar un disco en la plaza, que se entiende como CD grabado, producido y copiado de forma casera y artesanal, pero en un proceso que arrojó grandes músicos y canciones.

La trayectoria del *rap* no fue sencilla hasta que se convirtió en un género fuerte y más consumido en EE.UU, pasó por mucho prejuicio y precariedad, tanto de instrumentos como de instrumentos profesionales, pero tenía mucha gente que sumar (y más que obstaculizar). En 2017, año lírico, no pararon las producciones de *rap*, varios cifrados, videoclips y lanzamientos, que se extendieron hasta 2018, siendo la mejor fase del rap en cuanto a técnica, producción y lanzamientos.

La segunda observación sobre el *status quo* del *rap* es el hecho de que este texto aborda la palabra rap y no el término Hip Hop. El rap es una parte integral de la cultura Hip Hop, ya que reúne dos elementos, el *MC* y el *DJ*. La música se destacó más que el *graffiti* y el *breaking*, lo curioso es que el baile fue lo que abrió la puerta al Hip Hop en Brasil, pero la música tuvo más implicación comercial, principalmente para que se grabaran discos, lo que hizo el género era más evidente que los demás elementos, muchas veces el estilo de música se llama Hip Hop, como si ambos fueran sinónimos, recordando que el Hip Hop es una cultura y el rap es la música formada por dos elementos pertenecientes a este movimiento. El rapero GOG dijo una vez que los medios dominantes todavía tienen una visión peyorativa del rap y evitan usar esa palabra, pero usan el término Hip Hop para poder hablar sobre el mismo tema de una manera más indulgente.

El caso es que el rap se ha alejado del Hip Hop, se ha convertido en un movimiento separado, y esto no es exclusivo de 2018, a principios de la década del 2000 ya se criticaba este distanciamiento, como en la música de Thaide & DJ Hum, "Fúria Verbal", donde el dúo dispara:

"Com microfone a laser, o gringo me vê no palco
Diz que sou crazy
Mandei a rima com Bambaataa e Soul Sonic Force
Mais que nunca em minhas veias está o hip hop
Com muito break, grafite, beat box, mc, scratch
Deixo para os limitados o tal movimento rap
Que particularmente pra mim não quer dizer nada
Encaro qualquer um desses rapperzinhos aí numa batalha
Eu tô na área
Meu corpo continua fechado, sou doido varrido
Ando pela rua sem rumo feito um aloprado".

Si miramos la fase inicial del Hip Hop en Brasil, de la segunda mitad de la década de 1980, y compramos con el año 2018, vemos un rap fuerte, pero con disparidad con los demás elementos, los equipos de bboys no tienen *MC*, ni grafiteiros, no escuches *rap*, por eso el *rap* dejó de agregarse a estos otros elementos.

Otro dato curioso es que llamamos rap a la música que se hace hoy, pero en el ritmo de la palabra, el rap sería la unión del *MC* con el DJ, pero esta canción a menudo se hace sin la presencia de un maestro en los tocadiscos, este hecho no impide que la música sea un rap, pero es el punto de discusión sobre los caminos que ha tomado el Hip Hop durante los últimos 30 años. Crear un grupo de *DJ* con *Technics* y todo el equipo no es barato, a diferencia de producir una base en *Fruit Loops Studios* y guardarla en una memoria *USB*, por lo que lo que pasa con los *DJs* que se quedan fuera tiene un poco que ver con el tema financeiro, además todo el mundo empieza a rimar, ya grabar su sonido, aunque sea de forma casera, y pocos buscan el trabajo de *DJ* o *b.boy*.

El quinto elemento que surgió extraoficialmente, el conocimiento, tampoco es el coqueteo con el rap, esto en cuanto a los temas, que son cada vez más vacíos, y también en el ámbito de difundir la cultura, los talleres de Hip Hop están escaseando, apenas ves a una persona que ha dominado al menos dos elementos de la cultura.

Es cierto que este triste hecho de que el Hip Hop se desunió en 2018 no es una cosa universal, hay muchos grupos, *MC's, DJ's*, grafiteros y periodistas que viven el Hip Hop, que recuerdan constantemente la cultura, recuerden de su origen, de las fuentes de inspiración, de las leyendas que enarbolaron la bandera y todo el orgullo que es formar parte de este gran movimiento. ¡Este es el objetivo de este trabajo, honrar esta cultura que definitivamente salva vidas!

¡el hip hop es increíble!

REFERENCIAS BIBLIOGRÁFICAS

SITIOS:

Boca do Inferno. **Horrorcore o Lado Negro do Hip Hop**. Disponible en: <http://bocadoinferno.com.br/artigos/2017/06/horrorcore-o-lado-negro-do-hip-hop/> Acceso en 10 de mayo de 2018.

Bocada Forte. **Memória BF: Hip Hop Cultura de Rua**. Disponible en: <http://acervobf.bocadaforte.com.br/noticias/memoriabf-hip-hop-cultura-de-rua.html>. Acceso en 08 de julio de 2017.

Brasil Escola. **Movimento Punk**. Disponible en: <http://brasilescola.uol.com.br/historiag/movimento-punk.htm> Acceso en 19 de julio de 2018.

Caros Amigos. **Conto do Rap**. Disponible en: <http://www.carosamigos.com.br/index.php/cultura/8152-o-conto-do-canto-rap> Acceso en 09 de julio de 2017.

Clique Music. **Rap Brasileiro**. Disponible en: <http://cliquemusic.uol.com.br/materias/ver/rap-brasileiro> Acceso en 10 de julio de 2017.

CNTTL. **Modal Metroviário**. Disponible en <http://cnttl.org.br/modal-metroviario> Acceso en 06 de abril de 2018.

CPTM. **Metrô**. Disponible em: https://www.cptm.sp.gov.br/ Acceso en 03 de marzo de 2018.

Discogs. **Fausto e os Robôs Efêmeros**. Disponible en: https://www.discogs.com/Fausto-Fawcett-Fausto-Fawcett-E-Os-Rob%C3%B4s-Efemeros/release/2740986> Acceso en 10 de julio de 2017.

Estilous Blog. **A Linguagem da Cultura Hip Hop Os 4 Elementos**. Disponible en: <https://estilousblog.wordpress.com/2015/09/16/a-linguagem-da-cultura-hip-hop-os-4-elementos-do-hip-hop/> Acceso en 02 de julio de 2017.

Folha de São Paulo. **Acervo Folha**. Disponible en: <http://acervo.folha.uol.com.br/fsp/1988/11/02/21//4132319> Acceso en 08 de julio de 2017.

Folha UOL. **Folha Ilustrada.** Disponible en <http://www1.folha.uol.com.br/fsp/ilustrad/fq0510200120.htm> Acceso en 16 de octubre de 2017.

Gafieiras. **Entrevista Thaide**. Disponible en: >gafieiras.com.br/entrevistas/thaide/23> Acceso en 09 de Septiembre de 2017.

Infopedia. **Dicionário Língua Portuguesa Melo**. Disponible en: <https://www.infopedia.pt/dicionarios/lingua-portuguesa/melo-> Acceso en 05 de abril de 2018.

Latino América. **Verbetes Jamaica**. Disponible en: <http://latinoamericana.wiki.br/verbetes/j/jamaica> Acceso en 03 de julio de 2017.

Mario Bastos Produtor Musical. **O Que Faz O Produtor Musical**. Disponible en: <https://www.mariobastosprodutormusical.com/o-que-faz-o-produtor-musical> Acceso en 13 de agosto 2018.

Metrô SP. **Estação São Bento**. Disponible en: <http://www.metro.sp.gov.br/noticias/acessos-da-estacao-sao-bento-do-metro-tem-horario-de-funcionamento-ampliado.fss>Acceso en 16 de agosto de 2018.

Museu da Pessoa. **Ruberval Marcelo da Silva Oliveira**. Disponible en:

<http://www.museudapessoa.net/pt/conteudo/pessoa/ruberval-marcelo-da-silva-oliveira-98091 > Acceso en 11 de noviembre 2017.

Painel do Rock Brasil 80. **Akira S e as Garotas Que Erram.** Disponible en: <http://paineldorockbrasil80.blogspot.com.br/2009/02/akira-s-as-garotas-que-erraram.html> Acceso en 24 de diciembre de 2017.

Toque Musical. **Gueto – Estação Primeira (1987).** Disponible en: <http://www.toque-musicall.com/?p=1457> Acceso en 10 de julio de 2017.

Zona Suburbana. **A Rua é Quem? 1988 Surgiu uma das Primeiras Polêmicas do Rap Brasileiro.** Disponible en: <http://www.zonasuburbana.com.br/a-rua-e-quem-em-1988-surgiu-uma-das-primeiras-polemicas-do-rap-brasileiro/> Acceso en 09 de julio de 2017.

Zulu Nation. **The Universal Zulu Nation.** Disponible en: <new.zulunation.com> Acceso en: 08 de octubre de 2017.

LIBROS:

ALVES, Cesar. **Pergunte a Quem Conhece: Thaide.** São Paulo: Labortexto, 2004.

CAMARGOS, Roberto. **Rap e Politica – Percepções da Vida Social Brasileira.** São Paulo: Boitempo, 2015.

DIAS, Raul, MOTTA, Fábio (Kaseone). **Hip Hop Cultura de Rua.** São Paulo: HHB Studio, 2011.

Fábio (Kaseone). OLIVEIRA, Ruberval. **Hip Hop Cultura de Rua Eixo 1.** São Paulo: HHB Studio, 2016.

LUIZ, Geremias. **A Fúria Negra Ressuscita**. São Paulo: BOCC.UBI, 2006.

PIMENTEL, Spency. **O Livro Vermelho do Hip Hop**. São Paulo: Universidade de São Paulo, 2009.

VIANNA, Hermano. **Mundo Funk Carioca**. Rio de Janeiro: Jorge Zahar, 1988.

YOSHINAGA, Gilberto, **Nelson Triunfo Do Sertão ao Hip Hop**, São Paulo: Literarua, 2014.

YOSHINAGA, Gilberto. **Thaide 30 Anos Mandando a Letra**. São Paulo: Novo Século, 2016.

DOCUMENTALES:

Triunfo (dirección de Cauê Angeli, año 2014)

Marco Zero do Hip Hop (dirección de Pedro Gomes, año 2014)

Nos Tempos da São Bento (dirección de Guilherme Botelho, año 2010)

"Hip Rap Hop": Região Abissal - O primeiro disco de um grupo de rap nacional (dirección de Rafael Rocha, año 2016)

Extra del DVD Racionais MC's "1000 Trutas 1000 Tretas" (dirección de Mano Brown y producción de Sindicato Paralelo, año 2006)

DISCOS:

Vou de Samba com Você - Jair Rodrigues (Philips, 1964)

Melô do Tagarela – Miele (RCA, 1980)

Melô da Mão Branca - Gerson King Kombo (Sinter, 1980)

Black Junior's – Black Junior's (Young, 1984)

Break de Rua - Villa Box (CBS, 1984)

Quero Dançar o Break - Buffalo Girls (Young, 1984)

Vivendo e Não Aprendendo – Ira! (WEA, 1986)

Fausto Fawcett E Os Robôs Efemeros (WEA, 1987)

Ousadia Rap (Kaskata's, 1987)

Estação Primeira – Gueto (WEA, 1987)

Hip Hop Cultura de Rua (Eldorado, 1988)

O Som das Ruas (Kaskata's, 1988)

Hip Rap Hop – Região Abissal (Continental, 1988)

The Culture of Hip Hop – Pepeu (Kaskata's, 1989)

Consciência Black vol 1 (Zimbabwe, 1989)

La Famiglia – Skowa e a Mafia (EMI, 1989)

PROGRAMAS DE ENTREVISTAS:

Panelaço – Entrevista con Thaide (Presentación de João Gordo).

Programa Freestyle – Entrevista con MC Jack (Presentación de Marcilio Gabriel).

TV nas Ruas – Lanzamiento del libro "Hip Hop Cultura de Rua Eixo 1" – Entrevista con Ruberval (O Credo) y A.G. Naja (MC Jack).

Programa Manos e Minas – Artículo sobre la película Lucy Puma, A Gata da Pesada.

ENTREVISTAS EXCLUSIVAS:

Anderson Ferreira (MC Black J / DOPESEIS9) – Código 13

Kaseone (Grafiteiro / Escritor) – O Credo

A.G. Naja (Rooneyoyo, O Guardião: Tecladista / Productor / MC / b.boy /activista del Hip Hop) – MC Jack

André Jung (Baterista de la banda Ira! / Productor Musical) – Thaide & DJ Hum

PMC (rapero/arte educador /b.boy / escritor) – pionero del Hip Hop mineiro

Kika (b.girl / cantante / rapera) – una de las pioneras de la Estação São Bento

Tati Godoi (Atriz / MC) – Frecuentó los bailes blacks de los 80 y fue testigo presencial del surgimiento del breaking.

Roger (b.boy /activista del Hip Hop) miembro de la *crew* Jabaquara Breaker's

www.submundodosom.com.br

www.ingramcontent.com/pod-product-compliance
Lightning Source LLC
LaVergne TN
LVHW050638200726
843506LV00010B/1283